Meisterwerke kurz und bündig

Grass' Blechtrommel
Von Heinz Gockel

Meisterwerke kurz und bündig
Herausgegeben von Olaf Benzinger

Die Figur des Oskar Matzerath mit seiner »Blechtrommel« ist eine der eindrucksvollsten Figuren der Nachkriegsliteratur. Bereits bei seiner Geburt ist er geistig voll entwickelt und an seinem dritten Geburtstag stellt er bewusst sein Wachstum ein. Klug und provokant kommentiert er die deutsche Geschichte vom Anfang des 20. Jahrhundert bis in die Nachkriegszeit. Die komplexen Konstellationen und historischen Bezüge in diesem Roman sind jedoch fast nicht im Kopf zu behalten. Heinz Gockel verhilft kurz und bündig zu einem Überblick, indem er Inhalt, Entstehung, Wirkungsgeschichte und das, was man über den Nobelpreisträger Günter Grass wissen muss, anschaulich zusammenstellt. Ein höchst kurzweiliges Kompendium mit allen wichtigen Daten, Fakten und Hintergrundinformationen.

Heinz Gockel, 1941 geboren, studierte Germanistik, Philosophie und Theologie. Er war Gastprofessor in den USA und lehrt heute Literaturwissenschaft an der Universität Bamberg. Er veröffentlichte Bücher zu Lichtenbergs Aphorismen, zu den Stücken von Max Frisch und zum Mythosbegriff der Neuzeit.

Grass' Blechtrommel

Von Heinz Gockel

Piper München Zürich

Originalausgabe
August 2001
© 2001 Piper Verlag GmbH, München
Umschlag: Büro Hamburg
Stefanie Oberbeck, Isabel Bünermann
Umschlagabbildung: Thomas Escher
Redaktion und Satz: Lektyre Verlagsbüro
Olaf Benzinger, Germering
Druck und Bindung: Clausen & Bosse, Leck
Printed in Germany   ISBN 3-492-23303-1

Inhalt

Die literarische Überraschung

Als auf der zwanzigsten Tagung der Gruppe 47 im Oktober 1958 im Gasthof Adler in Großholzleute im Allgäu
Günter Grass aus seinem im Entstehen begriffenen Roman DIE BLECHTROMMEL las, legten die übermüdeten
Kritiker und Schriftstellerkollegen die gespitzten Bleistif-
te aus der Hand und hörten zu. Man spürte, dass sich hier
etwas Erstaunliches anbahnte, ein Erzählen, das gegen die
»Kahlschlag«-Ideologie auf die Tradition der großen deutschen Romane von Grimmelshausen bis Fontane setzte,
ein Erzählen, das zugleich der Situation im Nachkriegsdeutschland angemessen war. Und nicht nur dies. Hier
präsentierte sich ein Autor, der offensichtlich epische
Ausdauer mit ironischer Distanz und parodistischem
Ernst zu vereinbaren wusste. Mehr noch: ein Autor, der
sich der viel beschworenen Krise des Romans bewusst
war, aber trotzend dieser Krise mit Erzählfreude einen
Roman entgegenstellte, der der Krise das Ende bereiten
konnte.

Die deutsche Literatur nach 1945 hatte sich der Kurz-
geschichte angenommen, unter Berufung auf die ameri-
kanische Shortstory und in Hinblick auf die Situation in
Deutschland. Wolfdietrich Schnurre, der auf der ersten
Tagung der Gruppe 47 im September 1947 im Hause von
Ilse Schneider-Lengyel am Bannwaldsee bei Füssen seine
Kurzgeschichte DAS BEGRÄBNIS (im Berliner Dialekt) las,
hat es so beschrieben:

»Ich erinnere mich zurück, als wir zu schreiben begannen. Das ist 1945 gewesen. Zum Umblicken, zum Relativieren, zum Vergleiche-Ziehen, zum Verarbeiten und Sich-Setzenlassen war keine Zeit. Worauf es jetzt ankam, das war: schreiben, so gut es sich anlassen wollte, mit seiner Schuld, seinem Zorn, seiner Erschütterung fertig zu werden. So etwa war die Ausgangsposition der deutschen Nachkriegsliteratur beschaffen, die ihr Entstehen keinem organischen Wachstum, keiner fortwirkenden Überlieferung, sondern einer Katastrophe verdankte, dem Krieg.«

Der Kurzgeschichte hatten sich neben Wolfdietrich Schnurre vor allem Wolfgang Borchert und Heinrich Böll angenommen, um das Trauma der Katastrophe benennbar zu machen. Die Kurzgeschichte bot sich an. Sie gab die Möglichkeit einer ideologiefreien, knappen und auf

»Kahlschlag-Literatur«

Der Begriff wurde 1949 von Wolfgang Weyrauch (TAUSEND GRAMM. SAMMLUNG NEUER DEUTSCHER GESCHICHTEN) für die Literatur nach dem Nullpunkt der deutschen Geschichte, nach dem Ende des Faschismus in Deutschland und nach dem Ende des Zweiten Weltkriegs geprägt. Der Begriff zielt auf ein radikales Ende. Er spricht auch von der Notwendigkeit einer Reinigung der durch die Nationalsozialisten ideologisch deformierten Sprache. Darüber hinaus sah Wolfgang Weyrauch mit dem Ende des Zweiten Weltkriegs die Möglichkeit eines Neuanfangs für die deutsche Literatur gekommen ohne Berufung auf literarische oder geistesgeschichtliche Traditionen. Heinrich Böll sprach von »Trümmerliteratur«, von der Realität der in Schutt und Asche liegenden Städte, aber auch vom Überleben in den Trümmern, dem sich die Literatur nun anzunehmen habe.

das Realistische bezogenen Sprache. Denn, so diagnostiziert Schnurre, »was das Schreiben anging, so war hier das Misstrauen in die Sprache oft geradezu unüberwindbar. Denn die Sprache war es ja gewesen, die sich zuerst hatte verführen lassen.«

Die Kurzgeschichte hatte sich bald ausgeschrieben. Eine Tradition in Deutschland gab es nicht. Aber es gab eine andere Tradition: die der gesellschaftskritischen Romane. Die Nachkriegsliteratur besann sich auf diese Tradition. Der Übergang von der Kurzgeschichte zum Roman ist genau zu markieren: Es ist Heinrich Bölls Roman Wo warst du, Adam (1951). Diese erste größere Arbeit Bölls ist allerdings weniger ein Roman als eine Abfolge von Kurzgeschichten, die durch eine Figur, den Soldaten und Architekten Feinhals, eher lose zusammengehalten werden. Eine Art Totentanz wird inszeniert: der Krieg als Krankheit, die alles hinwegrafft. Die Kurzgeschichte und der Kurzgeschichten-Roman boten die literarische Möglichkeit einer betroffenen Aufarbeitung der Kriegserfahrungen.

Wenig beachtet, aber umso eindringlicher, hatte Wolfgang Koeppen die Situation nach 1945 literarisch aufzuarbeiten versucht, in seinen drei Romanen Tauben im Gras (1951), Das Treibhaus (1953) und Der Tod in Rom (1954). Der Titel des letzten Romans dieser dann zu einer Trilogie zusammengefassten Romanfolge spielt nur zu deutlich auf Thomas Manns Novelle Der Tod in Venedig an – und sollte dies auch. War doch Der Tod in Venedig Thomas Manns Abgesang auf den Untergang des bürgerlichen Zeitalters gewesen. In Wiederaufnahme dieses »Abgesangs« schreibt Thomas Mann mit seinem Doktor Faustus zu Ende des Zweiten Weltkrieges einen Roman, der nun nicht mehr Abgesang ist, sondern geis-

Gruppe 47

Die Gruppe 47 wurde 1947 (daher der Name) von Hans Werner Richter ohne feste Organisation und ohne festgelegtes politisches Programm initiiert. Hans Werner Richter und Alfred Andersch hatten 1946 die Zeitschrift DER RUF gegründet. Sie wurde 1947 wegen ihrer progressiven politischen Tendenzen von den Alliierten eingestellt. Auch eine weitere literarische Zeitschrift DER SKORPION scheiterte an der Zensur. So gründete Hans Werner Richter eine literarische Vereinigung, die ein Gesprächsforum für junge Literaten (später kamen Kritiker hinzu) sein sollte. Auf den zunächst (von 1947 bis 1955) halbjährlich, dann (1956 bis 1967) jährlich stattfindenden Tagungen lasen die Autoren aus noch unveröffentlichten Manuskripten und stellten sich der unmittelbaren Kritik ihrer Kollegen, ohne die Möglichkeit einer eigenen Stellungnahme zu haben. Die Gruppe 47 erwies sich sehr bald als *das* Forum der deutschen Nachkriegsliteratur. Es gibt kaum einen bedeutenden Nachkriegsautor, der nicht wenigstens zeitweise der Gruppe angehört hätte. Es seien nur genannt: Wolfgang Bächler, Ilse Aichinger, Ingeborg Bachmann, Wolfgang Hildesheimer, Wolfgang Koeppen, Heinrich Böll. Ab 1950 wurde ein von Verlegern und Rundfunkanstalten gestifteter Preis vergeben. Erster Preisträger war Günter Eich.

tesgeschichtliche Aufarbeitung dessen, wie es in Deutschland zum Faschismus kommen konnte. Dass er dafür den deutschen Mythos, den Faust-Mythos wählt, dürfte den nicht verwundern, der in Faust den irrationalen Magier, den mit Suggestion Verführenden sieht.

Es gab also beachtenswerte literarische Aufarbeitungen des Faschismus und der Katastrophe des Zweiten Weltkrieges auch im Roman, problematisch und ernsthaft-satirisch in Koeppens TOD IN ROM, artistisch und geistesgeschichtlich-verantwortet in Thomas Manns DOKTOR FAUSTUS. Nun aber kommt Günter Grass und lässt die geistesgeschichtlichen Linien hinter sich. Er schreibt einen Roman, der scheinbar nahtlos an die Tradition des Schelmenromans anknüpft, der eine Zeit-Satire ist und das Satirische im Sinne des Grimmelshausenschen SIMPLICISSIMUS TEUTSCH aufgreift.

Günter Grass versucht mit der Schuld der Deutschen umzugehen, indem er sich ihr schreibend stellt. Er schreibt mit der Last der Verantwortung und erinnert sich:

»Auf der einen Seite 1945: Der Siebzehnjährige erlebt das als den Zusammenbruch einer Ideologie, unter der er aufgewachsen ist, ohne daß die Nachwirkungen dieser Ideologie aufhören. Sie schaffen ein Vakuum, das vorerst durch nichts aufzufüllen ist. Auch die Weigerung, zuerst einmal das anzuerkennen, was offensichtlich ist: Das sollen Deutsche getan haben, das, womit der Siebzehnjährige plötzlich konfrontiert wird. Es hat Jahre gebraucht, um das als unausweichliche Realität akzeptieren zu können. Aber parallel dazu der vitale und vulgäre Wunsch, Künstler werden zu wollen, der nicht differenziert, der nur eins im Sinn hat, mit den Händen etwas zu tun.«

Dieser vitale Wunsch, Künstler zu werden, bezieht sich zunächst auf die bildende Kunst, auch weil Günter Grass die Vorbehalte Wolfdietrich Schnurres gegen die ideologiebelastete Sprache teilt. Er hat weitere Vorbehalte, die die unmittelbare Nachkriegsliteratur im Blick haben.

»Mit welcher Form von Sprache oder Sprachen waren denn nun Ende der vierziger, Anfang der fünfziger Jahre die jungen Autoren, die anfingen oder die sich versuchten, konfrontiert? Das war ein korrumpiertes Deutsch, durch die ideologisch formende und verformende Sprache des

Nationalsozialismus, das war die sofort beginnende Restauration, auch mit einer entsprechenden Sprachhaltung der Innerlichkeit. Es war eine Naturlyrik, die so tat, als sei nichts geschehen.«

»Mit den Händen« etwas tun: Günter Grass entscheidet sich dann doch für die literarische Auseinandersetzung. Früh schon konzipiert er die Figur des Oskar Matzerath. Zunächst, 1952, in einem längeren Gedicht, in dem Oskar als Säulenheiliger auftritt, allerdings noch ohne Namen.

»Ein junger Mann, Existentialist, wie es die Zeitmode vorschrieb. Von Beruf Maurer. Er lebte in unserer Zeit. Wild und eher zufällig belesen, geizte er nicht mit Zitaten. Noch bevor der Wohlstand ausbrach, war er des Wohlstandes überdrüssig: schier verliebt in seinen Ekel. Deshalb mauerte er inmitten seiner Kleinstadt (die namenlos blieb) eine Säule, auf der er angekettet Stellung bezog. An langer Stange versorgte ihn seine schimpfende Mutter mit Mahlzeiten im Henkelmann. Ihre Versuche, ihn zurückzulocken, wurden von einem Chor mythologisch frisierter Mädchen unterstützt. Um seine Säule kreiste der Kleinstadtverkehr, versammelten sich Freunde und Gegner. Er, der Säulenheilige, allem enthoben, schaute herab, wechselte gelassen Stand- und Spielbein, hatte seine Perspektive gefunden und reagierte metaphernbeladen. Dieses lange Gedicht war schlecht gelungen, ist irgendwo liegengeblieben [...] Interessant alleine blieb die Suche nach einer entrückten Perspektive: Der überhöhte Standpunkt des Säulenheiligen war zu statisch.«

Dass der Säulenheilige zum Dreijährigen wird, der das Wachsen verweigert, ist eher einem Zufall zu verdanken. Günter Grass ist im Sommer 1952 auf einer Autostoppreise kreuz und quer durch Frankreich. Auf dem Weg zurück

Günter Grass

1958, als er auf der Tagung der Gruppe 47 aus der BLECHTROMMEL liest, ist Günter Grass 31 Jahre alt. Schon als Schüler des Conradinums in Danzig, seiner Geburtsstadt, schreibt Günter Grass Gedichte. Und er zeichnet: »Ich habe immer gezeichnet.« Mit siebzehn Jahren wird er eingezogen als Luftwaffenhelfer, hat als Panzerschütze Kriegsdienst zu leisten. Nicht auf Seiten der Faschisten stehend, glaubt er doch an den »Endsieg«. Er wird verwundet und kommt in amerikanische Kriegsgefangenschaft. Nach dem Krieg und nach der Entlassung schlägt er sich irgendwie durch, arbeitet auf Bauernhöfen, versucht in Göttingen wieder auf die Schule zu gehen. Aber der Geschichtslehrer übergeht die Geschichte und knüpft mit der Frage »Wo waren wir stehen geblieben« bei 1941 an. Zwischen Hildesheim und Hannover arbeitet Günter Grass dann im Kalibergbau. 1948 geht er an die Kunstakademie Düsseldorf, studiert dort Bildhauerei und Grafik. Er verdingt sich bei einem Steinmetzmeister für Grabsteine. Der besorgt ihm eine Unterkunft im katholischen Caritas-Heim in Düsseldorf-Rath. Bis 1951 wohnt Günter Grass in dem Heim, oft mit zehn anderen in einem Raum. 1953 geht er nach Berlin an die Hochschule für Bildende Künste und wird Schüler von Karl Hartung. Er heiratet die Schweizer Ballettstudentin Anna Schwarz. Er schreibt Lyrik, veröffentlicht sie in der Zeitschrift AKZENTE und liest 1955 zum ersten Mal auf der Berliner Tagung der Gruppe 47. 1956 erscheint sein erstes Buch, ein Gedichtband mit Grafiken. Mit Anna übersiedelt er nach Paris und beginnt den Roman DIE BLECHTROMMEL zu schreiben.

nach Deutschland trifft er in einem Café seine spätere Frau Anna. »Noch im Spätsommer des gleichen Jahres, als ich mich, aus Südfrankreich kommend, über die Schweiz in Richtung Düsseldorf bewegte, traf ich nicht nur zum erstenmal Anna, sondern wurde auch, durch bloße Anschauung, der Säulenheilige abgesetzt. Bei banaler Gelegenheit, nachmittags, sah ich zwischen Kaffee trinkenden Erwachsenen einen dreijährigen Jungen, dem eine Blechtrommel anhing. Mir fiel auf und blieb bewußt: die selbstvergessene Verlorenheit des Dreijährigen an sein Instrument, auch wie er gleichzeitig die Erwachsenenwelt (nachmittäglich plaudernde Kaffeetrinker) ignorierte.«

Die Figur ist damit geschaffen: der Dreijährige mit seiner Blechtrommel, dessen Ignoranz den Keim zur Satire in sich trägt. Das Konzept bleibt drei Jahre liegen. Günter Grass schreibt die ersten lockeren Gelegenheitsgedichte, die Abstand nehmen und deshalb veröffentlicht werden können. Das erste Buch erscheint: DIE VORZÜGE DER WINDHÜHNER. Er zieht mit Anna von Berlin nach Paris.

»Ich begann, noch während ich an dem Theaterstück DIE BÖSEN KÖCHE feilte, mit der ersten Niederschrift eines Romans, der wechselnde Arbeitstitel trug: ›Oskar der Trommler‹, ›Der Trommler‹, ›Die Blechtrommel‹.« Aber Günter Grass hatte noch nicht die richtige Erzählposition gefunden. Es werden Pläne entworfen, der epische Stoff wird stichwortartig notiert – und immer wieder wird das Geschriebene verworfen. John Reddick hat in Günter Grass' Pariser Wohnung eine Fassung der BLECHTROMMEL von 1956 gefunden, die heute im Literaturarchiv von Sulzbach-Rosenberg aufbewahrt wird.

Auch in dieser frühen Fassung gibt es den Ich-Erzähler Oskar. In dieser Fassung aber schreibt Oskar noch nicht als Insasse einer Heil- und Pflegeanstalt seine Geschichte auf. Er ist Untermieter. Erst die Situation des Schreibenden in einer Anstalt schafft eine Position des Erzählens außerhalb der Gesellschaft und damit die Erzählposition eines

»Säulenheiligen«, zugleich außerhalb und inmitten der Gesellschaft: »Mit dem ersten Satz ›Zugegeben: ich bin Insasse einer Heil- und Pflegeanstalt ...‹ fiel die Sperre, drängte Sprache, liefen Erinnerungsvermögen und Phantasie, spielerische Lust und Detailobsessionen an langer Leine, ergab sich Kapitel aus Kapitel, hüpfte ich, wo Löcher den Fluß der Erzählung hemmten, kam mir Geschichte mit lokalen Angeboten entgegen, sprangen Döschen und gaben Gerüche frei, legte ich mir eine wildwuchernde Familie zu, stritt ich mit Oskar Matzerath und seinem Anhang um Straßenbahnen und deren Linienführung, um gleichzeitige Vorgänge und den absurden Zwang der Chronologie, um Oskars Berechtigung, in erster oder dritter Person zu berichten, um seinen Anspruch, einen Sohn zeugen zu wollen, um seine wirklichen Verschuldungen und um seine fingierte Schuld.«

Nicht so sehr der Streit um Straßenbahnen und deren Linienführung, sondern der eigene Anspruch auf Authentizität nötigte den Schriftsteller, den Schauplatz des Geschehens erneut in Augenschein zu nehmen: Danzig, die Geburtsstadt, in der Günter Grass siebzehn Jahre gelebt hatte. »In Gdansk suchte ich Danzig, fand aber zwei der ehemaligen polnischen Postbeamten, die mittlerweile auf der Werft Arbeit gefunden hatten, dort mehr als auf der Post verdienten und eigentlich zufrieden waren mit ihrem nicht anerkannten Zustand [...] Von beiden Postbeamten (einer war Geldbriefträger gewesen) erhielt ich detaillierte Beschreibungen der Vorgänge in der Polnischen Post während der Verteidigung. Ihre Fluchtwege hätte ich nicht erfinden können.«

Günter Grass erhielt für den noch im Entstehen begriffenen Roman den Preis der Gruppe 47. 1959 wurde der Roman veröffentlicht.

Die Blechtrommel

Oskar, der Erzähler

Die Geschichte der BLECHTROMMEL erzählt der Protagonist des Romans Oskar Matzerath. Lange Zeit war seinem Autor Günter Grass die Erzählperspektive unklar. Dann der schon erwähnte entscheidende Einfall: »Mit dem ersten Satz: ›Zugegeben: ich bin Insasse einer Heil- und Pflegeanstalt …‹ fiel die Sperre.« Mit diesem ersten Satz des Romans hat Günter Grass die Erzählposition gefunden. Er selbst spricht zwar im Blick auf Oskar von einer konsequenten Ich-Erzählung. Indem Oskar aber in einer Heil- und Pflegeanstalt auf sein Leben zurückblickt, verschafft er sich auch die Position eines auktorialen Erzählers.

Das Tempus der Ich-Erzählung ist das Präsens – die Gegenwart. Das Tempus der auktorialen Erzählung ist das Präteritum – die Vergangenheit. Günter Grass nutzt geschickt beide Erzählhaltungen und wechselt oft unvermittelt von Ich-Erzählhaltung zu auktorialer Erzählhaltung.

Aber es geht nicht nur um die unterschiedlichen Erzählpositionen. Durch die Situation des zurückblickenden Erzählers ist die Möglichkeit gegeben, *zugleich* die Position der Ich-Erzählung und die Position des auktorialen Erzählers einzunehmen. Der Wechsel der Erzählperspektive ist ein genialer Trick. Der Erzähler kann zugleich als Betroffener berichten und als sich Distanzierender. Der

Erzählsituationen

Franz K. Stanzel unterscheidet in TYPISCHE FORMEN DES ROMANS drei Erzählsituationen, die personale, auktoriale und die Ich-Erzählsituation. (Die personale Erzählsituation braucht uns hier nicht zu interessieren.)

Das auszeichnende Merkmal der auktorialen Erzählsituation ist die Anwesenheit eines persönlichen, sich in Einmengung und Kommentaren zum Erzählten kundgebenden Erzählers. Dieser Erzähler scheint auf den ersten Blick mit dem Autor identisch zu sein. Bei genauerer Betrachtung wird jedoch fast immer eine eigentümliche Verfremdung der Persönlichkeit des Autors in der Gestalt des Erzählers sichtbar. Er weiß weniger, manchmal auch mehr, als vom Autor zu erwarten wäre, er vertritt gelegentlich Meinungen, die nicht unbedingt auch die des Autors sein müssen. Dieser auktoriale Erzähler ist also eine eigenständige Gestalt, die ebenso vom Autor geschaffen worden ist wie die Charaktere des Romans. Wesentlich für den auktorialen Erzähler ist, dass er als Mittelsmann der Geschichte einen Platz sozusagen an der Schwelle zwischen der fiktiven Welt des Romans und der Wirklichkeit des Autors sowie des Lesers einnimmt. Die der auktorialen Erzählsituation entsprechende Grundform des Erzählens ist die berichtende Erzählweise. Das Erzählte wird durchgehend als in der Vergangenheit liegend aufgefasst.

Die Ich-Erzählsituation unterscheidet sich von der auktorialen Erzählsituation zunächst darin, dass hier der Erzähler zur Welt der Romancharaktere gehört. Er selbst hat das Geschehen erlebt, miterlebt oder beobachtet, oder unmittelbar von den eigentlichen Akteuren des Geschehens in Erfahrung gebracht. Auch hier herrscht die berichtende Erzählweise vor.

Ich-Roman kann innerhalb von zwei Sätzen zum auktorial erzählten Roman werden, beispielsweise in der Polnischen Post: »Ich versuchte erst gar nicht, die Trommel mit eigener Kraft vom Gestell herunterzuziehen. Oskar war sich seiner beschränkten Reichweite bewußt und erlaubte sich in Fällen, da seine Gnomenhaftigkeit in Hilflosigkeit überschlug, Erwachsene um Gefälligkeiten anzugehen.«

Freilich, dem Erzähler Günter Grass kommt der Ich-Erzähler Oskar entgegen, denn ein Dreijähriger spricht schon einmal von sich in der Er-Form. Der Erzähler Grass handhabt den Wechsel zwischen Ich- und Er-Erzählung souverän, auch weil er als Ich-Erzähler einen Dreijährigen einführt, der sich noch als Dreißigjähriger in der Heil- und Pflegeanstalt in sein Kindheitsstadium zurückzutrommeln weiß. Der Wechsel der Erzählperspektive lässt den Roman schwanken zwischen objektiver Darstellung und subjektiver Sicht. Als Ich-Erzähler hat Oskar nur eine Perspektive: die seine. Mit der Er-Erzählung schafft Günter Grass die Möglichkeit, seinen Oskar selbst zum Gegenstand der Erzählung zu machen, wobei überdies nicht immer deutlich ist, ob Oskar nicht gelegentlich oder des Öfteren von sich in der dritten Person spricht. Immerhin, der Wechsel der Erzählperspektive verunsichert den eine eindeutige Erzählhaltung erwartenden Leser.

Oskar, der Erzähler, vermag spielerisch und verwirrend mit den Möglichkeiten des Erzählens umzugehen. Als er in die Irrenanstalt eingewiesen wird, liegt das Leben, das er erzählen will, hinter ihm; es steht ihm zur Verfügung; er kann damit umgehen, darin blättern, vor und zurück, wie in einem Fotoalbum. Nicht zufällig heißt das vierte Kapitel des ersten Buches »Das Fotoalbum«. Wie in einem solchen Album wird hier eine Geschichte in Bildern und in Episoden erzählt.

Etwas anderes: Der seine Lebensgeschichte erzählende Oskar ist sich – hier ganz auf der Höhe der literarischen Kritik – bewusst, dass es eigentlich unmöglich ist, angesichts der häufig beschworenen Krise des Romans im 20. Jahrhundert noch einmal einen Roman von epischer Breite vorzulegen. So wägt er denn seine Möglichkeiten des Schreibens ab.

»Man kann eine Geschichte in der Mitte beginnen und vorwärts wie rückwärts kühn ausschreitend Verwirrung anstiften. Man kann sich modern geben, alle Zeiten, Entfernungen wegstreichen und hinterher verkünden oder verkünden lassen, man habe endlich und in letzter Stunde das Raum-Zeit-Problem gelöst. Man kann auch ganz zu Anfang behaupten, es sei heutzutage unmöglich, einen Roman zu schreiben, dann aber, sozusagen hinter dem eigenen Rücken, einen kräftigen Knüller hinlegen, um schließlich als letztmöglicher Romanschreiber dazustehen.«

Der Leser wundert sich doch. Er fragt sich, welche der Möglichkeiten wird denn nun dieser Ich-Erzähler für sich in Anspruch nehmen. Und er muss feststellen, dass dieser Erzähler mit allen Möglichkeiten spielt. Der behauptet zwar nach dieser Reflexion über mögliche Romananfänge und Erzählerpositionen: »Ich beginne weit vor mir«, hat aber, als er diesen Satz schreibt, den Roman mit dem ersten Satz schon längst in der Mitte bzw. am Ende begonnen. Das schafft Irritation auf Seiten des Lesers. Der Erzähler selbst schafft sich durch solche Reflexionen Distanz gegenüber dem zu Erzählenden. Das ist eigentlich die Position eines auktorialen Erzählers. Hier aber schafft sich ein Ich-Erzähler die Distanz, und zwar durch Ironie. Denn der Leser spürt sofort, dass sich dieser Erzähler auf keine der von ihm angebotenen Möglichkeiten ernsthaft einlassen wird oder dass er mit allen spielerisch umgehen wird.

Ironie setzt er aber auch gegenüber dem möglichen Romanhelden ein:

»Auch habe ich mir sagen lassen, daß es sich gut und bescheiden ausnimmt, wenn man anfangs beteuert: Es gibt keine Romanhelden mehr, weil es keine Individualisten mehr gibt, weil die Individualität verlorengegangen, weil der Mensch einsam, jeder Mensch gleich einsam, ohne Recht auf individuelle Einsamkeit ist und eine namen- und heldenlose einsame Masse bildet. Das mag alles so sein und seine Richtigkeit haben. Für mich, Oskar, und meinen Pfleger Bruno möchte ich jedoch feststellen: Wir beide sind Helden, ganz verschiedene Helden, er hinter dem Guckloch, ich vor dem Guckloch; und wenn er die Tür aufmacht, sind wir beide, bei aller Freundschaft und Einsamkeit, noch immer keine namen- und heldenlose Masse.«

Dem letzten Satz mag der Leser zustimmen. Aber Zweifel kommen denn doch auf – und sollen aufkommen –, ob der erzählende Insasse einer Heil- und Pflegeanstalt und sein Pfleger Bruno Münsterberg als Helden, geschweige denn als Romanhelden gelten können.

Als ob Günter Grass die Verwirrung um den Erzähler auf die Spitze treiben wollte, lässt er Oskar – ob in der Ich-Position oder in der auktorialen – nicht allein erzählen. Da schleicht sich beinahe unbemerkt auch noch Oskars Pfleger als Erzähler ein. Im Kapitel »Wachstum im Güterwagen« ist es mit einem Mal nicht mehr Oskar, der als Ich-Erzähler von sich spricht, sondern sein Pfleger Bruno Münsterberg. Und er beginnt, wenn auch spät im Roman und mit genaueren biografischen Angaben, wie Oskar begonnen hatte:

»Ich, Bruno Münsterberg, aus Altena im Sauerland, unverheiratet und kinderlos, bin Pfleger in der Privatab-

teilung der hiesigen Heil- und Pflegeanstalt. Herr Matzerath, der hier seit über einem Jahr stationiert ist, ist mein
Patient.«

Bruno Münsterberg erweist sich als genau mit der
vorangegangenen Geschichte vertraut, als er nun mit der
Figur des Ostflüchtlings Herrn Matzerath beginnt. Kein
Wunder, denn Oskar hat ihn, wenn nicht als Mitautor, so
doch als Kommentator in Mitwisserschaft gezogen. Und
auch jetzt, da Bruno erzählt, geht das nicht ohne Rück-
versicherung ab: »behauptet Herr Oskar Matzerath« –
»Weiterhin möchte mein Patient sagen«. Freilich überlässt
Oskar Bruno nicht lange die Feder seiner Geschichte,
stört ihn doch, dass dieser Pfleger manches besser wissen
will als er selbst. Auch durch Bruno Münsterberg wird
ironische Distanz im Erzählen geschaffen.

Noch deutlicher wird sie durch eine weitere Erzählerfi-
gur geschaffen, die gar keine Figur ist. Es ist Oskars Trommel, der über Strecken des Romans die Rolle des Erzählers
zugeschrieben wird. Wenn er sich von seinem Pfleger
Bruno Münsterberg nicht belehren lassen will, von seiner
Trommel lässt sich Oskar einiges sagen. Ja, es scheint gelegentlich, als wisse die Trommel mehr als ihr Trommler.

»Es ist gar nicht so einfach, hier, im abgeseiften Metall-
bett einer Heil- und Pflegeanstalt, im Blickfeld eines ver-
glasten und mit Brunos Auge bewaffneten Guckloches
liegend, die Rauchschwaden kaschubischer Kartoffel-
krautfeuer und die Schraffur eines Oktoberregens nachzu-
zeichnen. Hätte ich nicht meine Trommel [...] Ich habe
heute einen langen Vormittag zertrommelt, habe meiner
Trommel Fragen gestellt, wollte wissen, ob die Glühbirnen in unserem Schlafzimmer sechzig oder vierzig Watt
zählten. Es ist nicht das erste Mal, daß ich diese für mich
so wichtige Frage mir und meiner Trommel stelle.«

Die Trommel als Mitautor. Kein Wunder, denn seine Geschichte erzählt Oskar, indem er trommelt.

Ein Letztes: Nicht nur Bruno Münsterberg wird um Kommentare gebeten, nicht nur die Trommel wird um Rat gefragt. Auch der Leser wird gelegentlich einbezogen. Er wird um sein Einverständnis gebeten, wenn es um scheinbar Belangloses, für den Roman aber nicht Unerhebliches geht. Als zum ersten Mal vom Skatspiel die Rede ist und damit von der Drei-Zahl, wird dem Leser Zustimmung abverlangt: »man kann es, wie bekannt sein dürfte, nur zu dritt spielen«. Als Oskar von seinem entscheidenden »Bildungserlebnis« spricht, wird an die Aufmerksamkeit des Lesers appelliert. »Ich spreche, wie die Aufmerksamen unter Ihnen bemerkt haben werden, von meinem Lehrer und Meister Bebra.« Als Oskar, in seinem weißlackierten Bett liegend, eine Reihe von Sexualsymbolen assoziiert, schließt er den Leser als Mitwisser ein. »Sie werden es erraten haben: Oskars Ziel ist die Rückkehr zur Nabelschnur.«

Und wenn er am Schluss überlegt, was er nach seiner Entlassung aus der Heil- und Pflegeanstalt zu tun gedenkt, bezieht er den Leser mit seinen Fragen in diese Überlegungen ein: »Heiraten? Ledig bleiben? Auswandern? Modell stehen? Steinbruch kaufen? Jünger sammeln? Sekte gründen?«

Die Geschichte und die Geschichten

Mit einem Eingeständnis des Ich-Erzählers Oskar Matzerath setzt der Roman ein: »Zugegeben: ich bin Insasse einer Heil- und Pflegeanstalt.« Oskar ist inzwischen dreißig Jahre alt; er hat die Blechtrommel, die er als Dreijähriger bekam, mit der Schreibmaschine vertauscht und schreibt in der Heil- und Pflegeanstalt seine Lebensgeschichte, beobachtet von seinem Pfleger Bruno Münsterberg und gelegentlich unterbrochen durch dessen Kommentare. Freilich braucht Oskar auch in der Heilanstalt die Blechtrommel noch, um trommelnd in Erinnerung zu bringen, was er auf der Schreibmaschine dem »unschuldigen«, dem weißen Papier einschreiben will.

Oskars Mutter Agnes wird auf einem kaschubischen Kartoffelacker in der Nähe Danzigs gezeugt. Großmutter Anna Bronski sitzt an einem Oktobernachmittag am Rande eines Kartoffelackers (»man schrieb das Jahr neunundneunzig«), als sie eine beängstigende Beobachtung macht. »Es bewegte sich etwas zwischen den Telegrafenstangen.« Ein Mann wird verfolgt von zwei anderen, flüchtet sich schließlich unter die vier Röcke der Anna Bronski und entkommt so der Verfolgung. Es ist Joseph Koljaiczek, der als Brandstifter gesucht wird. Unter den Röcken nutzt er die Gelegenheit. Anna Bronski wird schwanger und nimmt ihn zu sich.

Er legt sich eine neue Identität zu und weiß so einer weiteren Verfolgung zu entgehen. Der Flößer Joseph Wranka war bei einer Schlägerei vom Floß gestoßen worden und ertrunken. In dessen Haut schlüpft Joseph Koljaiczek. Nach vierzehn Jahren als Flößer auf der Weichsel wird er erkannt und gestellt. Beim Fluchtversuch ertrinkt auch er – so jedenfalls eine der verschiedenen Versionen für sein Verschwinden. Eine andere will Koljaiczek, der ein guter Schwimmer war, gerettet wissen, später soll er in Buffalo (USA) einen Holzhandel betrieben und Aktienanteile besessen haben – ausgerechnet bei Streichholzfirmen und Feuerversicherungen. Jedenfalls hat man seine Leiche nie gefunden. Anna heiratet, um dem Kind eine

Familie zu geben, Josephs älteren Bruder Gregor und zieht zu ihm nach Danzig.

Szenenwechsel: Wir sind Zeugen von Oskar Matzeraths Geburt. Schon früh hatte Agnes eine Liebelei mit ihrem Cousin Jan Bronski. Dann aber taucht eines Tages der Deutsche Alfred Matzerath auf, Vertreter »eines größeren Unternehmens der papierverarbeitenden Industrie«, und heiratet Agnes im Jahre 1923, als man »für den Gegenwert einer Streichholzschachtel ein Schlafzimmer tapezieren, also mit Nullen mustern konnte«. Neben Jan Bronski ist ein Kolonialwarenhändler Trauzeuge. Von ihm übernehmen Alfred und Agnes den durch Pumpkundschaft ruinierten Laden im Danziger Vorort Langfuhr.

»Die beiden ergänzten sich auf wunderbare Weise. Was Mama hinter dem Ladentisch der Kundschaft gegenüber leistete, erreichte der Rheinländer im Umgang mit Vertretern und beim Einkauf auf dem Großmarkt. Dazu kam die Liebe Matzeraths zur Kochschürze, zur Arbeit in der Küche, die auch das Abwaschen einbezog und Mama, die es mehr mit Schnellgerichten hielt, entlastete.« Oskar, der »das Licht dieser Welt in Gestalt zweier Sechzig-Watt-Glühbirnen« erblickt, ist schon vor der Geburt mit dem Verstand eines Erwachsenen ausgestattet. Angesichts der ausschnitthaft wahrgenommenen Wirklichkeit, in die er hineingeboren werden soll, eine Wirklichkeit voller Lug und Trug, versucht er sich seiner Geburt zu widersetzen, und nur die Aussicht, mit drei Jahren eine Blechtrommel zu erhalten, hindert ihn, dem Wunsch nach Rückkehr in die »embryonale Kopflage« stärkeren Ausdruck zu verleihen.

Mit drei Jahren erhält er in der Tat eine Blechtrommel, weißrot gelackt, wenn auch gegen den erklärten Widerstand seines Vaters. Bis dahin hat Oskar genügend Gele-

Der Roman spielt in Danzig. Es ist Günter Grass' Geburtsstadt. Sie kommt ihm gelegen. Denn in wohl in keiner anderen Stadt treffen Deutschland und Polen so aufeinander wie hier. Keine andere Stadt ist so von Anfang an durch den deutschen Faschismus bedroht wie Danzig. Hier vollzieht sich das Schicksal des Deutschen Alfred Matzerath und das Schicksal des Polen Jan Bronski, der eine der Ehemann, der andere der Liebhaber von Agnes Matzerath, geborene Bronski, der Mutter Oskars. In einer Heil- und Pflegeanstalt wird Oskar seine Lebensgeschichte bis zu seinem dreißigsten Jahr aufschreiben.

Der Roman ist in drei Bücher eingeteilt, das erste umfasst die Vorkriegszeit, genauer die Jahre von 1899 bis zum Ausbruch des Zweiten Weltkrieges, das zweite die Kriegszeit (1939 bis 1945) und das dritte die Nachkriegszeit, die Zeit vom Ende des Krieges bis in die Gegenwart des Jahres 1954. Der Roman hat zwei Handlungsebenen. Die erste ist die Zeit der Niederschrift; es ist die Zeit von zwei Jahren, die Oskar nun (1954) schon in der Heil- und Pflegeanstalt verbringt. Die zweite ist die seiner Lebensgeschichte bis zu seiner Verhaftung in Paris und seiner Einweisung in die Heilanstalt, beginnend allerdings mit der Zeugung seiner Mutter Agnes. Die erste Handlungsebene wird tagebuchartig protokolliert und dem Leser in Einschüben und Unterbrechungen der zweiten, eigentlichen Handlungsebene mitgeteilt. Es wird von Oskars Prozess erzählt – er wurde verdächtigt, eine Krankenschwester ermordet zu haben –, von Gesprächen mit dem Rechtsanwalt, von den Besuchern, vor allem Klepp und Vittlar, die Oskar in der Nachkriegszeit kennengelernt hat und die zu Freunden wurden, von Gesprächen mit dem Pfleger Bruno und der Ärztin Fräulein Doktor Hornstetter. Und immer wieder wird auch das Schreiben, das Erzählen der eigentlichen Geschichte thematisiert und kommentiert.

genheit gehabt, die Erwachsenenwelt kennen zu lernen, ihre kleinbürgerlichen Verlogenheiten und ihre heimlichen Betrügereien. So entschließt er sich, nachdem ihm die Rückkehr in die embryonale Kopflage nicht gelungen ist, nicht mehr zu wachsen. Er braucht einen Vorwand. Die Gelegenheit ist günstig. Sein Vater Alfred Matzerath hat die Falltür zum Lagerkeller offen gelassen. Oskar täuscht einen Sturz vor, fällt die Treppe hinunter in den Keller, und keine ärztliche Kunst vermag es von nun an, ihn dazu zu bringen zu wachsen.

Motivwechsel: Als Oskar seine erste Trommel »kaputtgeschlagen« hat, will ihm Vater Matzerath das »invalide Instrument« wegnehmen. Aber Oskar wehrt sich und entdeckt unerwartet eine Fähigkeit seiner Stimme: »Da gelang Oskar, der bis zu jenem Tag als ein ruhiges, fast zu braves Kind gegolten hatte, jener erste zerstörerische und wirksame Schrei: Die runde geschliffene Scheibe, die das honiggelbe Zifferblatt unserer Standuhr vor Staub und sterbenden Fliegen schützte, zersprang, fiel, teilweise nochmals zerscherbend, auf die braunroten Dielen – denn der Teppich reichte nicht ganz bis zur Standfläche der Uhr hin.« Ein zweites Mal in Bedrängnis, als am ersten Schultag die bebrillte Lehrerin Spollenhauer ihn züchtigen will bzw. mit dem Rohrstock auf sein Blech schlägt, formt er einen »Doppelschrei, der beide Brillengläser der Spollenhauer wahrhaft zu Staub werden« lässt.

In die Schule kann er nun nicht mehr gehen, aber Lesen und Schreiben will er doch lernen. Er versucht es beim Trompeter Meyn, der auf dem Dachboden wohnt und den er gelegentlich auf seiner Blechtrommel rhythmisch begleitet. Aber für Meyn gibt es nur drei wichtige Dinge: die Machandelfalsche, die Trompete und den Schlaf. Auch bei Greff, dem Gemüsehändler, der mit einem Rotstift auf weißes Papier in Sütterlinschrift schöne Preise malt, hat Oskar keinen Erfolg. Das große und das kleine ABC lernt Oskar schließlich bei Gretchen Scheffler, Frau eines Bäckermeisters, auf deren Büchergestell er Goethe findet und einen »reichbebilderten dicken Band: Rasputin und die Frauen«. Lesen und Schreiben lernen wird Oskar mit Goethes WAHLVERWANDTSCHAFTEN und mit der Biografie des russischen Priesters. Die zwei Seelen in seiner Brust, schwankend zwischen dem »Gesundbeter und dem Alleswisser, zwischen dem Düsteren, der die Frauen bannte, und dem lichten Dichterfürsten«, sollen fortan Oskars Leben bestimmen.

Ortswechsel: Dreimal macht er Bekanntschaft mit dem Theater, bevor er sich selbst an eine Inszenierung wagt. Als seine Mutter Agnes und sein Onkel Jan sich wieder einmal, wie so oft, heimlich in einer billigen Pension in der Tischlergasse treffen, steigt er auf den Stockturm. Sein Blick wird von der Theaterfassade angezogen. »Niemand wollte Oskar die Trommel nehmen, trotzdem schrie er.« Er schreit, um aufmerksam zu machen, er schreit wegen Jan Bronski und Mutter Agnes. Er zersingt die Foyerfenster des Theaters und findet so zum ersten Mal Kontakt mit der Bühnenkunst. »Vor dem Theater versammelte sich eine, wie es von oben aussah, aufgeregte Menschenmenge.«

Das zweite Mal ist Oskar selbst im Theater, zur Weihnachtszeit. Er lässt sich vom Märchen vom Däumling fesseln und verständlicherweise persönlich ansprechen. Das dritte Mal wird es ernster. Ein Sommerabend in der Waldoper. Es wird Wagners FLIEGENDER HOLLÄNDER gegeben, »aber Oskar entschlief, freute sich im Entschlummern, daß seine Mama solchen Anteil an dem Holländer nahm, wie auf Wogen glitt und wagnerisch ein- und ausatmete.«

Wenig später dann die eigene Inszenierung, unter der Tribüne. Ein Aufmarsch der Hitlerjugend, der SS und der SA. Vater Alfred hat schon längst das Parteiabzeichen, auch hat er sich langsam die notwendige Uniform zusammengekauft, zunächst die Parteimütze. »Eine Zeitlang zog er weiße Oberhemden mit schwarzer Krawatte zu dieser Mütze an oder eine Windjacke mit Armbinde. Als er das erste braune Hemd kaufte, wollte er eine Woche später auch die kackbraunen Reithosen und Stiefel erstehen.« Alfred Matzerath steht früh auf, um an der Veranstaltung von SS und SA teilnehmen zu können. Oskar schleicht sich unter die Tribüne. Als man im Viervierteltakt aufmarschiert, schlägt Oskar seine Trommel im Dreivierteltakt. Er schlägt so intensiv, dass es den Takt der anderen übertönt und dass schließlich Hitlerjugend, SA und SS auf der Maiwiese tanzen. Der Erfolg macht Oskar mutig. »Längere Zeit lang, genau gesagt, bis zum November achtunddreißig« trommelt er unter Tribünen, sprengt Kundgebungen, bringt Redner zum Stocken und biegt Marschmusik in Walzer um.

Zuvor hatte Oskar Zirkusluft geschnuppert, weil seine Mama, die nach dem Waldopernabend Wagner, »leicht gesetzt«, auf dem Klavier spielte, auf den Gedanken gekommen war — wohl von der Musik des FLIEGENDEN HOLLÄNDERS inspiriert —, ihn mit dem Zirkus bekannt zu machen. Aber Oskar schleicht sich weg, verkrümelt sich zwischen blauweißen Wohnwagen und macht die Bekanntschaft mit Bebra, einem 53-jährigen Liliputaner. Sie erkennen sich sofort: Oskar in seiner selbst gewählten Rolle als Zwerg, der Liliputaner in seiner nicht selbst gewählten Rolle als Clown. Bebra gibt ihm einen gut gemeinten Rat: »Geben Sie acht, junger Freund, was sich auf den Bühnen ereignet wird! Versuchen Sie, immer auf der

Bühne zu sitzen und niemals vor der Tribüne zu stehen!« Und küsst ihn auf die Stirn.

Ein Judaskuss? »Hoffentlich hat das nichts zu bedeuten«, meint Agnes gegenüber Alfred Matzerath und Jan Bronski. Es hat etwas zu bedeuten. Oskar ist infiziert. Er wird der Zirkus- bzw. der Theaterleidenschaft nicht mehr entkommen. Er wird auch Bebra nicht entkommen, der genau weiß: »Wir werden uns wiedersehen. Wir sind zu klein, als daß wir uns verlieren könnten.«

Nochmaliger Ortswechsel: Wir sind in der Herz-Jesu-Kirche. Mama Agnes beichtet wieder einmal ihre Affäre mit Jan, die inzwischen Folgen gezeigt hat. Oskar hängt mit einem »introibo ad altare Dei«, der Eingangsformel der katholischen Messliturgie, dem Jesuskind, das auf einem Podest mit seiner Mutter Maria thront, die Trommel um den Hals. Jesus, das Erlöserkind, soll trommeln wie er, Oskar. Jesus trommelt nicht. Oskar ist enttäuscht. Aber er weiß: »Karfreitag ist Schluß mit ihm, der nicht einmal trommeln kann.«

Karfreitagskost: Mama Agnes stirbt am Fisch. Das unheilige Dreigestirn Alfred, Jan und Agnes, gefolgt von Oskar, macht einen Karfreitagsausflug an die Hafenmole bei Neufahrwasser. Ein Stauer fischt mit einem Pferdekopf, »der gestern noch, vorgestern noch gewiehert haben mochte«, nach Aalen, die sich in dem Kadaver festbeißen. Agnes muss sich übergeben, bis Jan sie mit seiner Hand unter ihrem Mantelaufschlag tröstet. Die sexuelle Tröstung aber, oft genug von Jan praktiziert, hat nur scheinbaren Erfolg. Seither will Agnes keine Aale mehr sehen, geschweige denn essen. Sie ist dennoch infiziert von den Aalen. Sie kann nicht mehr lassen vom Fisch. Sie isst und isst, was ihr nicht bekommt. Und stirbt. »Der Sarg meiner armen Mama war schwarz. Er verjüngte sich auf wunderbar harmonische Weise zum Fußende hin. Gibt es auf dieser Welt eine Form, die den Proportionen des Menschen auf ähnlich gelungene Art entspricht?«

Narben: »Nichts kann eine Mutter ersetzen, sagt man.« Das weiß Oskar. »Es gab keine Mama mehr, die mich ins Stadttheater zum Weihnachtsmärchen, in den Zirkus Krone oder Busch mitgenommen hätte.« Aber er trifft Bebra wieder und an seiner Seite »eine Schönheit«, die Liliputanerin Roswitha Raguna, »die berühmteste Somnambule Italiens«. Oskar verliebt sich. Bebra küsst ihn erneut, wie vor Jahren zwischen den blauweißen Wohnwagen. Bebra und die schöne Somnambule verschwinden wieder. Was bleibt? Der Treppenaufstieg zum Trompeter Meyn. Aber der schläft meistens nach zu vielem Alkoholgenuss. Auch ist er inzwischen zum SA-Mann geworden. Allerdings ist da noch die erste Tür links in der zweiten Etage. Dort wohnt Mutter Truczinski mit ihrem Sohn Herbert. Herbert wird Oskars Freund, ein Ersatz für die verlorene Mutter? Oskar wird nur wenig Ersatz finden; jedenfalls wird er nicht auf längere Zeit Ersatz finden. Denn Herbert Truczinski, von Beruf Kellner, spricht zu viel von Lenin und von der sozialistischen Revolution, holt sich dafür von den Gästen Schläge und Narben auf den Rücken, muss seinen Kellner-Beruf aufgeben, verdingt sich erneut und wird Wärter im Schifffahrtsmuseum. Abartige sexuelle Neigungen werden ihm zum Verhängnis. Hatte er sie? Jedenfalls vergeht er sich an einer hölzernen Galionsfigur im Schifffahrtsmuseum. Nein, Herbert Truczinski ist kein Ersatz für Mama Agnes.

Währenddessen – die Faschisten haben ihren Siegeszug angetreten und inszenieren die Reichskristallnacht.

Es war einmal: »[...] ein Spielzeughändler, der hieß Sigismund Markus und verkaufte unter anderem auch weißrotgelackte Blechtrommeln.«Bei Sigismund Markus durfte Oskar bei einer Limonade warten, bis Agnes und Jan in der billigen Pension in der Tischlergasse ihren schnellen Sex hinter sich gebracht und den anschließenden Kaffee getrunken hatten. Sigismund Markus, der jüdische Spielzeughändler, entzieht sich nach dem Brand der Synagoge in der Reichskristallnacht der zu erwartenden Deportation durch Freitod.

»Es war einmal ein Blechtrommler, der hieß Oskar und war auf den Spielzeughändler angewiesen.«

»Es war einmal ein Spielzeughändler, der hieß Markus und nahm mit sich alles Spielzeug aus dieser Welt.«

»Es war einmal ein Musiker, der hieß Meyn und konnte wunderschön auf der Trompete blasen. Der Musiker Meyn wurde ein SA-Mann.«

»Es war einmal ein Musiker, der hieß Meyn, und wenn er nicht gestorben ist, lebt er heute noch und bläst wieder wunderschön Trompete.«

So endet das erste Buch der BLECHTROMMEL.

Das zweite Buch beginnt wie das erste in der Heil- und Pflegeanstalt; es beginnt mit einem Besuchstag. Maria – sie ist im Roman noch nicht eingeführt, wird aber bald eine nicht unwichtige Rolle im Leben der Matzeraths, im Leben von Vater und Sohn, spielen –, Maria bringt eine neue Trommel. Oskar braucht die Trommel neben der Schreibmaschine, um aufschreiben oder auftrommeln zu können, was nun kommt: die Zeit des Zweiten Weltkrieges, vor allem die Zeit des Überfalls der deutschen Wehrmacht auf Polen.

Ein »Vatermord«: Jan Bronski war schon früh zur Polnischen Post übergewechselt. Er war freilich disponiert. Denn schon als Vierjähriger sammelte er, »verhängnisvoll früh«, Briefmarken. Jan konnte und wollte nicht ertragen, dass Agnes, seine Geliebte, den Reichsdeutschen Alfred Matzerath geheiratet hatte. »Sein Übertritt wirkte spontan, desgleichen seine Option für Polen.« Der Tod der Mama Agnes hat darüber hinaus das Verhältnis zwischen Alfred Matzerath und Jan Bronski abkühlen lassen.

Oskar fühlt sich abgewiesen. Wäre da nicht die Großmutter. Wie zu Beginn des ersten Buches den Koljaiczek, der allerdings in Verfolgungsnöten war, lässt sie nun gelegentlich Oskar, wenn auch widerstrebend – denn der sucht nur Wärme – unter ihre kartoffelfarbigen Röcke. Oskar zeugt nicht, er trommelt. Er trommelt der Großmutter Erinnerungen an den Kartoffelacker im Kaschubenland zurück. Und er lockt mit seiner Trommel Jan Bronski in die Polnische Post, als die deutschen Truppen Danzig besetzen und die Polnische Post belagern. Man wartet ab und spielt Skat.

Skat spielt Oskar in der Polnischen Post mit Onkel Jan und dem sterbenden Hausmeister Kobyella angesichts des deutschen Einmarschs in Danzig, genau wissend, dass das für seinen vermeintlichen Vater, den Polen Jan Bronski, der inzwischen zum Postsekretär avanciert ist, den Tod bedeutet. Die Post wird erstürmt, Jan wird erschossen, mit der Herz Dame in der Hand, ein letzter Gruß an Agnes, an die schon lange am Dreiecksverhältnis und am Fisch gestorbene Geliebte.

Maria zu lieben: Maria »zeigte ein rundes frischgewaschenes Gesicht, blickte kühl, doch nicht kalt aus etwas zu stark hervortretenden grauen, kurz, aber dicht bewimperten Augen, unter kräftigen dunklen, an der Nasenwurzel zusammengewachsenen Brauen«. Alfred Matzerath hat sie ins Geschäft geholt und angelernt – jedoch nicht nur im Geschäft. Für Agnes musste Ersatz her. Aber nicht nur

Alfred, auch Oskar hat seine Leidenschaft für Maria, die ihn jeden Abend zu Bett bringt, entdeckt und seinem Blech anvertraut.

Es kommt zu intimen Szenen am Badestrand. Sie erschreckt ihn mit ihrem »behaarten Dreieck«. Sexuelle Begierden gibt es allerdings auf beiden Seiten. Oskar und Maria stillen sie mit Brausepulver. Was Oskar da zu ihrer gemeinsamen Lustbefriedigung besorgt hatte: »In Marias Hand begann es zu zischen und zu schäumen. Da brach der Waldmeister wie ein Vulkan aus. Da kochte, ich weiß nicht, wessen Volkes grünliche Wut. Da spielte sich etwas ab, was Maria noch nicht gesehen und wohl noch nie gefühlt hatte, denn ihre Hand zuckte, zitterte, wollte wegfliegen, weil Waldmeister sie biß, weil Waldmeister durch ihre Haut fand, weil Waldmeister sie aufregte, ihr ein Gefühl gab, ein Gefühl, ein Gefühl.«

Auch als Oskar und Maria in einem Bett schlafen, bleibt es ein Gefühl. In einem Bett schlafen sie, weil Vater Alfred einem Skatklub beigetreten ist, dem auch der neue Ortsgruppenleiter angehört. An den Abenden des Skatklubs kann man Oskar, den schon älter und reifer Gewordenen, aber immer noch von der Größe eines Dreijährigen, nicht ohne Obhut lassen. Es kommt, wie es kommen muss und wie es Alfred nicht ahnen konnte oder wollte.

Über ein Dutzend Tütchen Brausepulver, »zumeist mit Waldmeistergeschmack«, reichen nicht mehr aus. »Und so kam Oskar zu einem dritten Trommelstock – alt genug war er dafür.« Maria wird seine Geliebte, endlich und ohne Brausepulver. Doch dann überrascht Oskar seinen Vater mit Maria auf der Chaiselongue. Maria zu Alfred: »Weg, geh weg.« Aber Alfred Matzerath kann nicht mehr weg, »weil Oskar drauf war auf den beiden, bevor er weg war, weil ich ihm die Trommel ins Kreuz und die Stöcke aufs Blech schlug, weil ich das nicht mehr hören konnte: weg und geh weg, weil mein Blech lauter war als ihr weg, weil ich das nicht duldete, daß er wegging, genau wie Jan Bronski immer von Mama weggegangen war.«

Der Coitus interruptus misslingt. Zeugt Alfred oder zeugt Oskar? Jedenfalls trommelt Oskar auf dem Rücken von Matzerath. Maria wird schwanger. Was bleibt Alfred Matzerath übrig? Er heiratet auf Zureden von Linda Greff, der Gemüsehändlersfrau, bei der sich Oskar nach dem Tode seiner Mama gelegentlich Bettwärme holt, Maria, die Geliebte seines Sohnes. »Mein Vater heiratete meine zukünftige Frau.« Oskar begnügt sich damit, Sondermeldungen zu trommeln, das Englandlied »fast in einen Walzer« zu verwandeln. Die Tribünenzeiten sind dahin. Das Englandlied muss man nun wirklich nicht in einen Walzer verwandeln.

Das gemeinsame Kind, Kurt oder Kurtchen, wird von seinem »Vater« Oskar zu seinem dritten Geburtstag eine Blechtrommel bekommen. Erwartungen knüpft Oskar an dieses Geschenk. Aber Kurt, sein und seines Vaters Sohn, wird sich des Geschenkes als nicht würdig erweisen.

Der Gemüsehändler Greff erhängt sich, aber nicht nur, weil er ständig wegen ungenauen Wiegens mit dem Eichamt Schwierigkeiten hat, sondern auch, weil er im Dritten Reich wegen seiner homosexuellen Neigungen Schlimmstes zu befürchten hat.

Lehrer und Meister und die zeitlose Schöne: An die Signora Roswitha Raguna muss Oskar des Öfteren denken, seit ihm Alfred Matzerath seine Maria weggenommen hat. Sie ist mit dem Liliputaner und Musikclown Bebra unterwegs. Oskar trifft beide kurz nach dem Tod seiner Mutter im Café Vierjahreszeiten wieder. Bebra ist inzwischen –

nach dem Vorbild der Hofnarren im Mittelalter – ein gern
gesehener Gast im Reichspropagandaministerium, geht
bei Goebbels und Göring ein und aus. Oskar und Bebra
sehen sich, verlieren sich aus den Augen und finden sich
doch wieder. Schließlich: Bebra leitet ein Fronttheater und
erklärt Oskar Sinn und Zweck der Propagandakompanie.

»Steigen Sie ein bei uns, junger Mann, trommeln Sie,
zersingen Sie Biergläser und Glühbirnen! Die deutsche
Besatzungsarmee im schönen Frankreich, im ewig-jungen
Paris wird Ihnen danken und zujubeln.« Oskar kommt
der Vorschlag gelegen. Nur »der Form halber« erbittet er
sich Bedenkzeit. Denn da wartet ja auch noch Roswitha
Raguna auf ihn, die zeitlose Schöne, die ihm Anekdötchen
aus dem Alltag der Propagandakompanie erzählt.

»Wie alt wird sie sein, die Signora? fragte ich mich. Ist
sie ein blühendes zwanzigjähriges, wenn nicht neunzehn-
jähriges Mädchen? Oder ist sie jene grazile neunundneun-
zigjährige Greisin, die noch in hundert Jahren unverwüst-
lich das Kleinformat ewiger Jugend verkörpern wird?«
Eine halbe Stunde, mehr braucht Oskar nicht an Bedenkzeit, und er ist Mitglied in Bebras Fronttheater. Damit
allerdings hat er sich und seine Trommel um der Liebe willen verkauft. Bebra, Roswitha und Oskar, sie spielen in
den altehrwürdigen Kasematten der Garnison- und Rö-
merstadt Metz, sie spielen in Nancy, Châlons-sur-Marne
und in Reims. Und sie spielen in Paris, wo Oskar Roswitha
zu Füßen des Eiffelturms zum ersten Mal küssen wird.
Am Vorabend der Invasion sind sie an den Betonbunkern
des Atlantikwalls.

»Und dann hatten wir ihn, den Beton. Bewundern und
streicheln durften wir ihn; er hielt still. ›Achtung!‹ schrie
jemand im Beton, warf sich baumlang aus jenem Bunker,
der die Form einer oben abgeflachten Schildkröte hatte,

35

zwischen zwei Dünen lag, ›Dora sieben‹ hieß und mit Schießscharten, Sehschlitzen und kleinkalibrigen Metallteilen auf Ebbe und Flut blickte. Obergefreiter Lankes hieß der Mensch, der dem Oberleutnant Herzog, auch unserem Hauptmann Bebra meldete.« Lankes weiß: Der Beton »ist unsterblich«.

»Nur wir und unsere Zigaretten …« Bebra antwortet: »Ich weiß, ich weiß, mit dem Rauch verflüchtigen wir uns.« Der Rückzug beginnt. Und Oskar verliert Roswitha. »Mit dem Regimentsstab sollten wir zurückverlegt werden. Im Schloßhof hielt eine motorisierte, dampfende Feldküche. Roswitha bat mich, ihr einen Becher Kaffee zu holen, da sie noch nicht gefrühstückt hatte. Etwas nervös und besorgt, ich könne den Anschluß an den Lastwagen verfehlen, weigerte ich mich und war auch eine Spur grob mit ihr. Da sprang sie selbst vom Wagen, lief mit dem Kochgeschirr in Stöckelschuhen auf die Feldküche zu und erreichte den heißen Morgenkaffee gleichzeitig mit einer dort einschlagenden Schiffsgranate.« Roswitha stirbt, weil Oskar ihr einen kleinen Dienst versagt. Was soll er noch im Fronttheater bei Bebra. Er trennt sich von Bebra – wir schreiben das Jahr 1944 – und geht zurück nach Berlin. Oskar ist, einen Tag vor seines Sohnes drittem Geburtstag, wieder daheim. Aber, so der spinnwebendünn lächelnde Bebra: »Was willst du in all den Luftschutzkellern ohne deine Roswitha!«

In der Nachfolge Christi: Die Geburtstagsfeier »seines« Kindes endet ernüchternd für Oskar. Nicht nur, dass Kurtchen mit der Trommel nichts anzufangen weiß, nicht nur, dass er sie mit dem massiven Holzrumpf eines ehemaligen Segelschiffes zerschlägt, nein, er schlägt auch noch den Vater mit der Peitsche, die er nebst einem Brummkreisel vom anderen Vater, von Vater Alfred Matzerath, erhalten hat. Maria nimmt sich Oskars an. Aber Maria ist fromm geworden. Ihr reichen bald die protestantischen Gottesdienste in der Christuskirche nicht mehr. Eines Tages schleppt sie Oskar in die neugotische katholische Herz-Jesu-Kirche, in jene Kirche, in der Oskar schon einmal versucht hatte, dem Jesuskind auf dem Schoße der Gottesmutter das Trommeln beizubringen. Damals hatte sich das Erlöserkind nicht gerührt. Oskar versucht es ein zweites Mal. Diesmal trommelt Jesus. Und nicht nur das. Dreimal fragt er Oskar: »Liebst du mich?« Aber Oskar steckt Jesu erste Verweigerung zu trommeln noch zu sehr in den Knochen. Dreimal fragt Jesus, und dreimal verleugnet ihn Oskar, wie einst Petrus den Herrn verleugnete.

Dennoch: Jesus wird ihn mit dem Petrus-Auftrag versehen: »Du bist Oskar, der Fels, und auf diesem Fels will ich meine Kirche bauen. Folge mir nach!« Was soll Oskar mit der Berufung anfangen? Immerhin hatte sein Vater Alfred einen offiziellen, seinen Sohn Oskar betreffenden Brief erhalten, der bei aller umständlichen Formulierung doch eindeutig war. Es gab das Euthanasie-Gesetz. Und Oskar war ein Zwerg beziehungsweise ein verwachsener Krüppel. Da gibt es wenig private Sympathie bei der offiziellen Einschätzung. Selbst Maria verrät Oskar: »Wenn sie sagen, das macht man heut so, denn weiß ich nich, was nu richtig ist.«

Oskar fühlt sich verlassen »und sang damals viel. Verzweifelt viel sang er«, das heißt: Er zersang viel, Fensterscheiben und Laternen. Bis ihn Jesus beruft und bis ihn die Stäuber-Bande stellt, »eine Jugendbande, der die Kriminalpolizei und mehrere Züge des HJ-Streifendienstes hinterher waren. Wie sich später herausstellen sollte: Gymnasiasten des Conradinums, der Petri-Oberschule und der Horst-Wessel-Oberschule.«

Die Stäuber-Bande kämpft gegen alles. Sie räumt die Dienststellen der Hitlerjugend aus, hat es auf die Orden und Rangabzeichen von Fronturlaubern abgesehen, die mit ihren Mädchen in den Parkanlagen Liebe machen; ihre Mitglieder stehlen Waffen, Munition und Benzin mit Hilfe ihrer Luftwaffenhelfer aus den Flakbatterien und planen von Anfang an einen großen Angriff auf das Wirtschaftsamt (»stäuben«: »Kohlenklau packte mich, drückte mir seine Knöchel gegen den rechten Oberarm, bewegte sie trocken, rasch, heiß und schmerzhaft [...] das also war das Stäuben!«). Störtebecker, der Chef der Stäuber-Bande, stellt Oskar die entscheidende Frage: »Wie machste das mit den Laternen und Fensterscheiben?«

Oskar demonstriert es. Er zersingt die Scheiben der Schokoladenfabrik. Und hat von da an Nachfolger. Aus der Stäuber-Bande wird eine organisierte, wenn auch unpolitische Untergrundbewegung. Aber sie werden entdeckt, ausgerechnet als sie in der Herz-Jesu-Kirche ein blasphemisches Krippenspiel inszenieren. Der Stäuber-Bande wird der Prozess gemacht. Nur Oskar entkommt mit Freispruch, da er die Rolle eines greinenden, von Halbwüchsigen verführten Dreijährigen zu spielen weiß.

Der zweite Vatermord: »Als wir das Gerichtsgebäude verließen, kam ein Beamter in Zivil auf Matzerath zu, übergab dem ein Schreiben und sagte: ›Sie sollten sich das wirklich noch einmal überlegen, Herr Matzerath. Das Kind muß von der Straße fort. Sie sehen ja, von welchen Elementen solch ein hilfloses Geschöpf mißbraucht wird.‹«

Matzerath überlegt zehn Tage lang und schickt den Brief am elften Tag unterschrieben ab. Danzig liegt schon unter Artilleriebeschuss. Und die Russen sind schon in Zigankenberg, Pietzgendorf und vor Schidlitz. Alfred

Matzerath hat im Keller unter dem Laden, einem trocken-warmen Raum, genügend Lebensmittel gestaut: Hülsen-früchte, Teigwaren, Zucker, Kunsthonig, Weizenmehl und Margarine. »Konservendosen mit Leipziger Allerlei stapelten sich neben Dosen mit Mirabellen, jungen Erb-sen, Pflaumen auf Regalen, die der praktische Matzerath selbst angefertigt und auf Dübeln an den Wänden befe-stigt hatte.« Danzig brennt.

Oskar, der sich in Erinnerung an seinen brandstiften-den Großvater Koljaiczek nicht viel aus Bränden macht, bleibt lieber im Keller, als sein Vater Alfred auf den Dachboden steigt, um sich die brennende Stadt anzuse-hen. Als aber Granaten in der Nähe einschlagen, ist Al-fred verunsichert. »Fast zaghaft wie ein Kind, das nicht weiß, ob es weiterhin an den Weihnachtsmann glauben soll, stand Matzerath mitten im Keller, zog an seinen Hosenträgern, äußerte erstmals Zweifel am Endsieg und nahm sich auf Anraten der Witwe Greff das Parteiabzei-chen vom Rockaufschlag, wußte aber nicht, wohin damit.« Er lässt es fallen. Oskar und Kurtchen wollen es greifen. Oskar ist schneller als Kurtchen. Kurtchen schlägt wieder einmal zu.

»Aber ich gab meinem Sohn nicht das Parteiabzeichen, wollte ihn nicht gefährden; denn mit den Russen soll man keine Scherze treiben.« Die kommen denn auch mit Maschinenpistolen, haben aber vor allem die im Keller ge-stapelten Lebensmittel, Kartoffeln und Zucker, im Sinn. So wird es beinahe friedlich und familiär im Keller, bis Oskar das Parteiabzeichen, das »Bonbon«, das er immer noch fest verschlossen in der linken Hand hält, seinem seitwärts von ihm stehenden Vater Alfred hinhält.

Der greift zu und hat nun das Parteiabzeichen wieder. Wohin damit? Die Russen sind im Keller. Er »wollte es loswerden und fand trotz seiner oft erprobten Phantasie als Koch und Dekorateur des Kolonialwarenladenschaufensters kein anderes Versteck als seine Mundhöhle«. Matzerath würgt an dem sperrigen Bonbon, gerät ins »Tanzen und Armeschleudern«. Mit anderen Worten: Er wird auffällig – und wird erschossen.

»Begräbnisse erinnern immer an andere Begräbnisse.« Alfred Matzeraths Begräbnis erinnert Oskar an seinem 21. Geburtstag nur daran, dass er nun ein Waisenkind ist. Erst die Mama, dann der vermutliche Vater Jan Bronski, und nun sein Vater Alfred. »Soll ich oder soll ich nicht?« Es geht um die Blechtrommel. Es geht darum, dieses Blechtrommelleben aufzugeben, diese Verweigerung zu wachsen. »Es muß sein!« Sohn Kurt hilft mit und trifft Oskar mit einem Stein. Oskar wirft »die Blechtrommel dorthin, wo schon genügend Sand auf dem Sarg lag, damit es nicht polterte«. Die sich anschließende, durch den Steinwurf seines Sohnes Kurt ausgelöste Ohnmacht kann er nicht verhindern. Ab jetzt wird Oskar wachsen. Er hat es so gewollt. Allerdings: Ein Buckel bleibt.

Zurücktrommeln: Das zweite Buch endet mit einem Neuanfang – Oskar wächst. »So mißt also Oskar von heute an einen Meter und dreiundzwanzig Zentimeter. Er wird nun berichten, wie es ihm nach dem Krieg erging, als man ihn, einen sprechenden, zögernd schreibenden, fließend lesenden, zwar verwachsenen, ansonsten ziemlich gesunden jungen Mann aus dem Städtischen Krankenhaus Düsseldorf entließ, damit ich ein – wie man bei Entlassungen aus Krankenanstalten immer annimmt – neues, nunmehr erwachsenes Leben beginnen konnte.«

Das dritte Buch beginnt mit Oskars neuem Leben nach dem Krieg und nach der Flucht in den Westen. Zunächst geht er bei einem Steinmetz in die Lehre und meißelt

Grabsteine. Sohn Kurt – (Ur)großvater Koljaiczek lässt sich nicht verleugnen – handelt mit Feuersteinen. Die »heilige« Familie – Oskar, Maria, Kurt – schlägt sich mit Feuersteinen und Kunsthonig durch. Es ist an der Zeit: Oskar macht Maria einen Heiratsantrag. Sie aber weigert sich, die Ehe mit ihm einzugehen.

»So wurde aus Yorik kein Bürger, sondern ein Hamlet, ein Narr«, eine Einsicht, die sehr spät kommt. Man schlägt sich durch, bis zur Währungsreform. Sie kommt für Oskar zu früh. Wie soll er sich – kein bürgerlich-biedermeierlicher Ehemann – am Wiederaufbau beteiligen? Oskar erinnert sich seines Buckels und erneut seiner künstlerischen Begabung. Aber eher passiv.

Der Buckel wird sein Kapital. Er steht Modell für die Absolventen der Kunstakademie – für eine Mark achtzig pro Stunde. Warum Oskar mit dem Buckel? »Kunst ist Anklage, Ausdruck, Leidenschaft! Kunst, das ist schwarze Zeichenkohle, die sich auf weißem Papier zermürbt!« So die Meinung des Professor Kuchen von der Kunstakademie. Der Zigaretten rauchende Lankes aus dem Beton im Atlantikwall taucht wieder auf, unvermittelt wie immer. »Erinnern Sie sich, Obergefreiter Lankes? Bebras Fronttheater? Mystisch, barbarisch, gelangweilt?« Aus dem Obergefreiten ist ein Maler geworden. Oskar leiht der sich nun »zermürbenden« Kunst seinen Buckel, für sie steht er Modell. Der Maler Raskolnikoff – »man nannte ihn so, weil er ständig von Schuld und Sühne sprach« – malt schließlich ein Bild mit Oskar, das später durch viele Ausstellungen wandern soll: MADONNA 49. Es zeigt Oskar nackt, ein verwachsenes Kindlein auf dem leicht beflaumten linken Oberschenkel einer überschlanken, lieblichen und zerbrechlichen, an Botticelli und Cranach erinnernden Blondine. Das Bild bzw. das nach ihm gestaltete Plakat bewirkt häuslichen Unfrieden. Nicht nur, weil es blasphemisch an die Maria mit dem Jesus-Kind in der Herz-Jesu-Kirche erinnert. Maria will das »Saugeld«, das Oskar mit der »Schweinerei« verdient, nicht mehr sehen und setzt ihn vor die Tür. Oskar ist obdachlos. Oskar ist erneut ohne die wärmende Liebe einer Frau. Er geht auf Wohnnungssuche.

»Erst als Untermieter lernte Oskar die Kunst des Zurücktrommelns.« Untermieter wird er in einem ehemaligen Badezimmer bei Zeidler, der sich – »klein, untersetzt, kurzatmig, iglig« – konsequent weigert, die Badewanne, die ohnehin kein Abflussrohr hat, zu beseitigen. Es gibt einen makabren und einen versöhnlichen Trost für die unbequeme Unterkunft: Im Hof ist ein Magazin mit Särgen, die sich alle auf eine Oskar wohl vertraute Art zum Fußende hin verjüngen. Und hinter einer Milchglastür in der Mitte des Korridors wohnt die Krankenschwester Dorothea. »Von jenem Tag an versuchte, besetzte, eroberte mich das Mysterium Krankenschwester [...] Bei bester Gesundheit verfiel Oskar einer Krankenschwester, die in Zeidlers Wohnung gleich ihm als Untermieterin wohnte.« Eines Tages – die Krankenschwester Dorothea ist im Dienst – öffnet Oskar die Milchglastür, inspiziert das Zimmer und kriecht in den Schrank. »Da griff meine rechte Hand, vielleicht eine Stütze suchend, nach hinten, an den zivilen Kleidern vorbei, verirrte sich, verlor den Halt, griff zu, hielt etwas Glattes, Nachgebendes«: ein schwarzer Lackgürtel. Oskar erinnert sich an die Aale, an denen seine Mama gestorben war.

Oskar erinnert sich auch zurück, als er dem bettlägerigen und auf den Tod kranken anderen Untermieter bei Zeidler, Klepp, aus der Küche Wasser bringt, damit dieser sich seine klebrigen Spaghetti kochen kann. Unvermittelt

fragt Klepp, ob Oskar ein Urteil in Sachen Musik zuzu-
trauen sei. Da trommelt Oskar wieder auf der ihm vom
Maler Raskolnikoff geschenkten Weißrotgelackten, er
trommelt seine Geburt zurück, die Kellertreppe und den
Sturz in den Keller, den Stockturm, die Tribüne, die Aale,
das Brausepulver, die Zeit im Fronttheater mit Bebra und
Roswitha, die Stäuber-Bande und die vier Röcke der
Großmutter auf dem Kartoffelacker. Es zeigt sich, dass
auch Klepp etwas in Sachen Musik versteht. So spielen sie
denn gemeinsam, Klepp Flöte und Oskar Trommel. Der
todkranke Klepp steht aus dem Bett auf, wäscht sich, ist
plötzlich kerngesund und geht mit Oskar Blutwurst mit
Zwiebeln essen. Eine Jazzband wollen sie gründen.

Klepp macht sich auf die Suche nach einem Gitarristen,
während Oskar Zeidler hilft, einen Kokosläufer im
Korridor zu verlegen. Der Teppich ist ein wenig zu groß,
so dass Oskar zu einer Kokosfasermatte als Bettvorleger
kommt. Kokosfasern lassen die Brausepulver-Erfahrun-
gen wieder erstehen. Und so kommt denn, was zu erwarten steht. Oskar versucht nächtens im Schutz der Dun-
kelheit und mit seiner Kokosmatte bestückt Dorothea auf
dem Kokosläufer im Korridor als behaarter Satan zu verführen. Der Versuch misslingt, nicht weil Schwester Dorothea nicht willig wäre, sondern weil Oskar »eine beschä-
mende Pleite« erlebt, weil es ihm nicht gelingt, »den
Anker zu werfen«. Wenig später wird man Schwester
Dorotheas Leiche finden.

Klepp, Oskar und der von Klepp aufgetriebene Gitar-
rist Scholle gründen die Band »The Rhine River Three«
und spielen im Zwiebelkeller. Hier treffen sich »Geschäftsleute, Ärzte, Anwälte, Künstler, auch Bühnenkünstler,
Journalisten, Leute vom Film, bekannte Sportler, auch
höhere Beamte der Landesregierung und Stadtverwaltung,

kurz, alle die sich heutzutage Intellektuelle nennen«. Schmuh, der Wirt, zelebriert allabendlich von Dienstag bis Sonnabend ein Ritual: »Schmuh trat mit einem Körbchen am Arm zwischen seine Gäste. Dieses Körbchen verdeckte ein blaugelb kariertes Tuch. Auf dem Tisch lagen Holzbrettchen, die Profile von Schweinen und Fischen hatten. Diese fein säuberlich gescheuerten Brettchen verteilte der Wirt Schmuh unter seine Gäste [...] Dann – und alle Herzen warteten auf ihn – dann zog er, einem Zauberer nicht unähnlich, das Deckchen fort: Ein zweites Deckchen deckte den Korb. Darauf aber lagen, mit dem ersten Blick nicht erkenntlich, die Küchenmesser. Wie zuvor mit den Brettchen ging Schmuh nun mit den Messern reihum [...]

›Fertig, Achtung, los!‹ rief er, riß das Tuch vom Korb, griff hinein in den Korb, verteilte, teilte aus, streute unters Volk, war der milde Geber, versorgte seine Gäste, gab ihnen Zwiebeln [...] und dann schnitten sie, wie man Zwiebeln schneidet, schnitten geschickt oder ungeschickt auf Hackbrettchen, die Profile von Schweinen und Fischen hatten, schnitten in diese und jene Richtung, daß der Saft spritzte oder sich der Luft über der Zwiebel mitteilte [...] bis der Saft es schaffte, was schaffte? Schaffte, was die Welt und das Leid dieser Welt nicht schafften: die runde menschliche Träne. Da wurde geweint.«

Der Zwiebelkeller ist nicht gerade ein Ort Oskar'scher Sympathie. Denn hier wird mit Hilfe der Zwiebel geweint und nicht angesichts dessen, gegen das Oskar in den ersten beiden Büchern des Romans angetrommelt und angesungen hatte. Mit Hilfe der Zwiebel wird geweint. Diese Gesellschaft im Nachkriegsdeutschland vermag nicht anders zu weinen. Ein Joke ist es für Schmuh und die Gesellschaft. Mit der Zwiebel und dem durch sie ausgelösten künstlichen Weinen wird verdrängt das Schicksal seiner geliebten Mama Agnes, das Schicksal Jan Bronskis, das des Spielzeughändlers Sigismund Markus und das der kleinen Roswitha Raguna. Nun hält es Oskar nicht mehr. Wieder trommelt er. »Es gelang Oskar, einem einst dreijährigen Oskar die Knüppel in die Fäuste zu drücken. Alte Wege trommelte ich hin und zurück, machte die Welt aus dem Blickwinkel des Dreijährigen deutlich.« Aber das Trommeln nutzt nichts. Den Damen und Herren des Zwiebelkellers, die aufgrund von Oskars Trommeln hysterisch werden und öffentlichen Unfug anstellen, verhilft die Polizei wieder »zu Alter, Würde und zur Erinnerung an die eigenen Telefonnummern«.

Noch einmal trommelt Oskar sich zurück, an den Atlantikwall, in die Betonbunker. Dr. Dösch, Leiter einer Konzertagentur, tritt als Werber und als Versucher auf (man ist an die Versuchung Jesu durch Satan in der Wüste erinnert): Oskar, der Trommler, solle Soloveranstaltungen in großen Häusern, allein auf der Bühne vor zwei- bis dreitausend besetzten Sitzplätzen bestreiten. Oskar bittet sich Bedenkzeit aus wie damals, als ihn Bebra zu seinem Fronttheater einlud. Oskar will zunächst eine Erinnerungsreise an den Atlantikwall unternehmen. Lankes, der Obergefreite und Maler begleitet ihn. Im Bunker »Dora sieben« wird Fisch gegessen. An Mama Agnes erinnert man sich nicht mehr, auch wenn Oskar zurücktrommelt: das Fronttheater und Bebra und die zeitlose Schöne Roswitha. »>Mensch, Oskar!< rief mich Lankes der Maler zurück. >So möchte ich malen können, wie du trommelst.<« Wenngleich er nicht so malen kann wie Oskar trommeln: Lankes wird mit den Bildern vom Atlantikwall reich werden. Auch Oskar widersteht wiederum – wie damals bei Bebra – nicht der Versuchung. Er unterschreibt den Vertrag mit der Konzertagentur: »Es galt, die Erfahrungen des dreijährigen Blechtrommlers Oskar während der Vorkriegs- und Nachkriegszeit in das pure, klingende Gold der Nachkriegszeit zu verwandeln.« Der Chef der Agentur ist — »in einem Rollstuhl, der sich gleich einem Zahnarztstuhl hochschrauben und schwenken ließ« — sein »nur mit den Augen und Fingerspitzen noch lebender Freund« Bebra. »So sieht man sich wieder, Herr Matzerath. Sagte ich nicht schon vor Jahren, da Sie es noch vorzogen, als Dreijähriger dieser Welt zu begegnen: Leute wie wir können uns nicht verlieren!« Der, den er da nicht verlieren kann, hat ihn durchschaut. Das Bild der großen Somnambule Roswitha Raguna hängt hinter dem von einem Elektromotor betriebenen Rollstuhl des Meisters Bebra an der Wand. »Ach ja, die gute Roswitha! Ob ihr der neue Oskar gefiele? Wohl kaum. Sie hatte es mit einem anderen Oskar, mit einem dreijährigen, pausbäckigen und dennoch recht liebestollen Oskar. Sie betete ihn an, wie sie mehr verkündete denn gestand. Er jedoch wollte ihr eines Tages keinen Kaffee holen, da holte sie ihn selbst und kam dabei ums Leben.« Bebra weiß, dass Roswitha nicht die einzige Betroffene war, dass das nicht der einzige »Mord« in Oskar Matzeraths Leben war. »Und wie verhielt es sich mit jenem Postbeamten Jan Bronski, den der dreijährige Oskar seinen mutmaßlichen Vater zu nennen beliebte? — Er überantwortete ihn den Schergen. Die schossen ihm in die Brust. Vielleicht können Sie, Herr Oskar Matzerath, der Sie in neuer Gestalt aufzutreten wagen, mir darüber Auskunft geben, was aus des dreijährigen Blechtrommlers zweitem vermutlichen Vater, aus dem Kolonialwarenhändler Matzerath wurde?«

Oskar kann Auskunft geben. Auch ihn hat er getötet, im Keller mit dem Parteiabzeichen. Oskar fleht um Erbarmen. Aber Bebra ist nicht nur das Gewissen Oskars. Bebra will einen Vertrag: »Es galt, Bebras Erbarmen mit einer Unterschrift zu erkaufen.« Oskars vertragliche Verpflichtung besteht darin, allein mit seiner Blechtrommel vor dem Publikum aufzutreten und so zu trommeln, »wie ich es als Dreijähriger getan hatte und später noch einmal in Schmuhs Zwiebelkeller«. Das heißt: Oskar soll Geschichten und Erinnerungen hervortrommeln.

Die Tournee wird ein Erfolg. »Als ich zurückkehrte und mit Dr. Dösch abrechnete, stellte es sich heraus, daß meine Blechtrommel eine Goldgrube war.« Bebra, der »Meister«, stirbt und vererbt Oskar ein »rundes Vermögen und das Brustbild der Roswitha«. Was ist ihm, Oskar, geblieben? Mama ist tot, Jan Bronski, Roswitha. Und nun noch Bebra. Da hilft auch kein »rundes Vermögen«. Er schließt seine Blechtrommel ein und ist kaum aus dem Zimmer zu bekommen.

Ein Rottweiler, einer Hundeleihanstalt entliehen, bringt ihn schließlich wieder hinaus, an den Rhein, apportiert ihm einen Finger, einen weiblichen, einen Ringfinger, mit einem Ring, offensichtlich ein Erbstück, Aquamarin besetzt. »Zwischen dem Mittelhandknochen und dem ersten Fingerglied, etwa zwei Zentimeter unterhalb des Ringes, hatte sich der Finger abhacken lassen [...] Nachdem ich den Finger im Tüchlein versorgt hatte, erhob ich mich von der Kabelrolle, tätschelte den Hals des Hundes Lux, machte mich mit Tüchlein und Finger im Tüchlein in rechter Hand auf, wollte nach Gerresheim, nach Hause, hatte mit dem Fund dieses und jenes vor, kam auch bis zu dem nahen Zaun eines Schrebergartens – da sprach mich Vittlar an, der in der Astgabel eines Apfelbaumes lag und mich, auch den apportierenden Hund beobachtet hatte.« Vittlar, Gottfried von Vittlar, die

Schlange im Baum des Paradieses. Vittlar, auch wenn er Oskars Freund wird, wird Oskar anzeigen. Wegen des vermeintlichen Mordes an der Krankenschwester Dorothea.

Oskar entzieht sich dem Prozess zunächst durch Flucht. Er geht nach Paris: »Das macht sich gut, hört sich gut an, könnte im Film vorkommen.« Was nun kommt, ist inszeniert. Oskar ist dreißig Jahre alt. Maria weiß es ihm zu sagen: »Jetzt biste dreißig, Oskar. Jetzt wird es langsam Zeit, daß du vernünftig wirst.« Er wird vernünftig und lässt sich von zwei Herren mit »unauffällig auffälligen Gesichtern« und – ganz im Gegensatz zur Großmutter Koljaiczek – mit amerikanisch zugeschnittenen Regenmänteln auf einer Rolltreppe auffahrend in Paris verhaften. Sein letztes Refugium wird das Bett in der Heil- und Pflegeanstalt.

»Was soll ich noch sagen: Unter Glühbirnen geboren, im Alter von drei Jahren vorsätzlich das Wachstum unterbrochen, Trommel bekommen, Vanille gerochen, in Kirchen gehustet [...] zum Wachstum entschlossen, nach Westen gefahren, den Osten verloren, Steinmetz gelernt und Modell gestanden, zur Trommel zurück und Beton besichtigt, Geld verdient und den Finger gehütet, den Finger verschenkt und lachend geflüchtet, aufgefahren, verhaftet, verurteilt, eingeliefert, demnächst freigesprochen, feiere ich heute meinen dreißigsten Geburtstag und fürchte mich immer noch vor der Schwarzen Köchin – Amen.«

Die vier Röcke und das Skatspiel

Günter Grass las auf der Tagung der Gruppe 47 im Gasthaus Adler in Großholzleute aus dem ersten Kapitel der BLECHTROMMEL:

»Wenn ich soeben den Rock meiner Großmutter besonders erwähnte, hoffentlich deutlich genug sagte: Sie saß in ihren Röcken – ja, das Kapitel ›Der weite Rock‹ überschreibe, weiß ich, was ich diesem Kleidungsstück schuldig bin. Meine Großmutter trug nicht nur einen Rock, vier Röcke trug sie übereinander. Nicht etwa, daß sie einen Ober- und drei Unterröcke getragen hätte; vier sogenannte Oberröcke trug sie, ein Rock trug den nächsten, sie aber trug alle vier nach einem System, das die Reihenfolge der Röcke von Tag zu Tag veränderte. Was gestern oben saß, saß heute gleich darunter; der zweite war der dritte Rock. Was gestern noch dritter Rock war, war ihr heute der Haut nahe. Jener ihr gestern nächste Rock ließ heute deutlich sein Muster sehen, nämlich keines; die Röcke meiner Großmutter Anna Bronski bevorzugten alle denselben kartoffelfarbigen Wert. Die Farbe muß ihr gestanden haben.«

Großmutter Bronski wechselt ihre vier Röcke wie die vier Jahreszeiten. Sie sitzt auf einem Kartoffelacker. Eingeführt in den Roman wird sie als Großmutter. Von Anna Bronski ist immer als von der Großmutter die Rede. Günter Grass selbst nennt sie die große Mutter und eröffnet damit für ihre Gestalt eine mythische Dimension. Denn Anna Bronski ist als große Mutter zugleich die Nährende. Sie ist eine Demeter im 20. Jahrhundert. Von Demeter, der großen Erd- und Fruchtbarkeitsgöttin, heißt es in der griechischen Mythologie: »Sie ist die milde und mächtige, Segen bringende Göttin der Erdfruchtbarkeit.« Demeter – alias Anna Bronski – steht für das fruchtbare und das archaische Prinzip, für das Weibliche, das Mütterliche, das Innerirdische der Natur. Vier Röcke muss Anna Bronski tragen, um Demeter, der Erdgöttin, gleich zu sein, der Herrscherin über die Jahreszeiten. Eine mythologische Anspielung zu Beginn des Romans. Die Anspielung ist nicht zufällig. Denn von der Urmutter soll zu Anfang des Romans die Rede sein, von der Mutter, von der Schützenden und Bergenden. Dagegen steht die Sphäre der Männer.

Die tritt denn auch gleich zu Beginn des Romans bedrohlich auf. Drei Männer sind es, die auf dem Kartoffelacker, auf dem Anna Bronski mit ihren vier Röcken sitzt, scheinbar ziellos hin und her springen.

»Drei Männer sprangen zwischen den Stangen, drei auf den Schornstein zu, dann vorne herum und einer kehrt, nahm neuen Anlauf, schien kurz und breit zu sein, kam auch drüber, über die Ziegelei, die beiden anderen, mehr dünn und lang, knapp aber doch, über die Ziegelei, schon wieder zwischen den Stangen, der aber, klein und breit, schlug Haken und hatte es klein und breit eiliger als dünn und lang.«

Da wird jemand gejagt wie ein Hase. Man springt hin und her, während die Großmuter in Ruhe auf ihrem Acker sitzen bleibt. Es ist Joseph Koljaiczek, der da hin und her springt, weil er von zwei Uniformierten gejagt wird. Er muss fliehen, weil er ein Brandstifter ist, ein mehrfacher. Er flieht unter die vier Röcke der Anna Bronski. Nur unter den vier Röcken von Großmütterchen Erde ist Schutz für den Verfolgten.

Unter den Röcken der Anna Bronski bietet sich Joseph Koljaiczek eine Gelegenheit, die er nutzt. »Meine Großmutter seufzte ein bißchen.« Anna Bronski – alias Mutter

Erde – wird von Joseph Koljaiczek geschwängert. Sie empfängt Agnes, die Mutter Oskars. Ist es Zufall, dass sie Agnes heißt? Wohl nicht. An das Lamm Gottes soll ihr Name erinnern. Eine Opferfigur.

Auch der Vorname der Großmutter Bronski ist nicht zufällig: Anna hieß schon die Mutter der Gottesmutter Maria. Und Koljaiczek heißt Joseph. Die Namen der heiligen Familie werden zitiert. Später wird sich Oskar mit Christus vergleichen. Und auch die Maria wird es noch geben, als Oskars und seines vermeintlichen Vaters Alfred Geliebte zugleich. Oskars bevorzugtes Refugium wird unter den Röcken der Großmutter sein. Dahin sehnt er sich sein Leben lang zurück – in den Urmutterschoß, der nicht nur Wärme verspricht, sondern auch Geborgenheit. Gegen diese Welt des Archaisch-Mütterlichen steht im Roman die Welt des Geistig-Männlichen.

Günter Grass scheut sich nicht, die tradierte Symbolik der Zahlen zu bemühen.

Seit alters gilt die Vier als Symbolzahl des Irdischen, als Zahl der Welt, der Erde, auch des Weiblichen. Ausweis dafür sind die vier Elemente, die vier Jahreszeiten, die vier Himmelsrichtungen, aber auch die vier Winde und die vier Paradiesesflüsse, die die Erde bewässern. Daher leitet sich die Zahl auch als Zahl der Fruchtbarkeit und des Lebenspendenden ab. Die Drei hingegen ist die »männliche« Zahl, sie ist die Zahl des Geistes, des dialektischen Denkens. Sie ist in der Mythologie auch die Zahl des Meergottes Poseidon mit seinem Dreizack, ein Gegenspieler der Erdgöttin Demeter.

Da haben wir also die auf dem Kartoffelacker sitzende Demeter Anna Bronski mit ihren vier Röcken. Auf der anderen Seite die drei Männer, die da in der Polnischen Post Skat spielen. Günter Grass und sein Erzähler Oskar Matzerath legen bei der ersten Erwähnung des Skatspiels im Roman Wert auf die Feststellung der Dreier-Konstellation.

»Das Skatspiel – man kann es, wie bekannt sein dürfte, nur zu dritt spielen – war für Mama und die beiden Männer nicht nur das angemessenste Spiel; es war ihre Zuflucht, ihr Hafen, in den sie immer dann fanden, wenn das Leben sie verführen wollte, in dieser oder jener Zusammenstellung zu zweit existierend, dumme Spiele wie Sechsundsechzig oder Mühle zu spielen.«

Das Skatspiel als Zuflucht. Immer dann, wenn es in der Familie Matzerath Probleme gibt, werden die Karten gemischt. Aber was da Zuflucht ist, kann bedrohend, ja todbringend sein. In der Polnischen Post, als sie von den Deutschen belagert und erstürmt wird, sitzen Oskar Matzerath, Jan Bronski und der Hausmeister Kobyella und spielen Skat.

»Zweiunddreißig Karten wurden gemischt, abgehoben, verteilt, ausgespielt. Da alle Briefkörbe schon mit Verwundeten belegt waren, setzten wir Kobyella gegen einen Korb, banden ihn endlich, da er von Zeit zu Zeit umsinken wollte, mit den Hosenträgern eines anderen Verwundeten fest, brachten ihm Haltung bei, verboten ihm, seine Karten fallen zu lassen, denn wir brauchten Kobyella. Was hätten wir tun können ohne den dritten fürs Skatspiel notwendigen Mann?«

Das Skatspiel bringt den Tod. Kobyella, lebensgefährlich verwundet, stirbt während des Spiels. Er stirbt ausgerechnet, als Jan Bronski einen »bombensicheren Grandhand, mit Viern, Schneiderschwarz angesagt«, auf der Hand hat. Jan wird erschossen, die Herz Dame in der Hand haltend. Von der Herz Dame war schon zu Beginn des Romans im Kapitel »Das Fotoalbum« die Rede. Oskar beschreibt ein Foto, auf dem Agnes, seine Mutter, die Skatkarte Herz Dame nicht ihren Mitspielern, sondern der Linse des Fotoapparates zeigt. Jan Bronskis Herz Dame im Leben war Agnes, so dass Oskar unsicher ist, in wem er seinen Vater erkennen soll, in Agnes' Ehemann Alfred Matzerath oder in Onkel Jan. Auch hier eine Dreier-Konstellation. Oskar sieht auf einem anderen Foto, das ausdrücklich ein »Viereck« genannt wird, die drei wichtigsten Menschen seiner ersten Jahre ein »Dreieck« bilden. Aber dieses Dreieck ist vom Tode infiziert. Agnes stirbt an der Karfreitagskost, Jan am Skatrausch, Alfred am Parteiabzeichen.

Sollte man nun meinen, die Großmutter könne den positiven Gegenpol zu den Männern bilden, so irrt man. Freilich: Anna Koljaiczek überlebt. Aber sie bleibt zurück im Kaschubenland, als Oskar zu wachsen beginnt und den weiten Weg nach Westen antritt. Zum letzten Mal sehnt sich Oskar unter ihre Röcke zurück, kann aber nicht mehr unter sie schlüpfen, da sie schon notwendig Geschmuggeltes bergen.

»Sie stand schon in der Tür und legte sich ihr Tuch um, da rief ich vom Bett aus: ›Babka, babka!‹, das heißt Großmutter, Großmutter. Und sie drehte sich, hob schon ein wenig ihre Röcke, als wollte sie mich drunter lassen und mitnehmen, da erinnerte sie sich wahrscheinlich der Petroleumflaschen, des Kunsthonigs und der Desinfektionsmittel, die jenen Platz schon besetzten – und ging, ging ohne mich, ging ohne Oskar davon.«

Es kommt noch schlimmer. Auf der mythischen Ebene nämlich mutiert die auf dem Kartoffelacker sitzende Mutter Erde für Oskar zur Schwarzen Köchin. Und die ist nun gar nicht mehr schützend und bergend, sondern todbringend.

»Schwarz war die Köchin hinter mir immer schon.
Daß sie mir nun auch entgegenkommt, schwarz.
Wort, Mantel wenden ließ, schwarz.
Mit schwarzer Währung zahlt, schwarz.
Während die Kinder, wenn sie singen, nicht mehr singen:
Ist die Schwarze Köchin da? Ja – Ja – Ja!«

Die Schwarze Köchin: eine Todesbotin. Das Leben läuft vom bergenden Mutterschoß auf den Tod zu. Dass es eine Köchin ist, ist nicht zufällig. Denn auch das Essen ist leitmotivisch im Roman verwendet. Aber was da gekocht wird, sättigt nicht und ist nicht schmackhaft, im Gegenteil, es ist Karfreitagskost und bringt den Tod.

Schon früh muss Oskar Bekanntschaft mit einer Suppe aus einem persilblau emaillierten Kochtopf machen, von seinen »Spielkameraden« gekocht mit Zutaten wie Fröschen, gemahlenem Ziegelstein und Urin, deren Geschmack ihm auch nach dem Erbrechen bleiben wird. Erbrechen muss sich auch Agnes, als an der Mole der Stauer in einem Pferdekopf Aale fängt.

Nie wieder will sie Fisch essen und Aale schon gar nicht. Aber »von rätselhaftem Willen besessen«, beginnt sie nach diesem »Karfreitag des aalwimmelnden Pferdekopfes« Fisch zu essen, Fisch in Mengen, Fisch aller Sorten und Zubereitung, Ölsardinen (schon zum Frühstück), Bohnsacker Sprotten, Rollmöpse, Bratheringe und auch geräucherten Aal, von dessen Haut sie innen und außen das Fett mit dem Messer abschabt. Von welchem Willen besessen?

Sie isst sich am Fisch zu Tode. Zum ersten Mal fallen Oskar die Trommelstöcke aus der Hand. Auch Alfred, ihr Mann, wird sich zu Tode schlucken, aber nicht an Essbarem, sondern am Parteiabzeichen, das ihm heimtückischerweise Oskar zusteckt, als die sowjetischen Truppen in Danzig einmarschieren und Matzerath und seine Familie, im Keller versteckt, finden.

Vom unheiligen Dreieck Alfred – Agnes – Jan zum todbringenden Skatspiel, von der Urmutter Bronski mit ihren vier Röcken auf dem Kartoffelacker zur Schwarzen Köchin: Dem Romangeschehen zugrunde liegend und ihm eingeschrieben gibt es eine Ebene archaisch-mythischer Grundvorstellungen, mit denen Günter Grass artistisch und parodistisch spielt.

Wilhelm Meisterchen und Schelmenroman

»Kennen Sie Parzival?«, fragt Oskar den Leser und gesteht: »Auch ich kenne ihn nicht besonders gut.« Gemeint ist nicht die Oper Wagners, sondern Wolfram von Eschenbachs Epos. Und das sollte der von Oskar angesprochene Leser schon kennen, um zu wissen, in welcher Gesellschaft Günter Grass seinen Oskar und in welcher Tradition er seinen Roman ansiedelt. Auch der Parzival des Wolfram von Eschenbach ist auf der Suche nach seiner Mutter wie Oskar auf der Suche nach den Röcken seiner Großmutter. Nur: Der Parzival des Wolfram von Eschenbach wird auf seinen »aventuiren« von einem gnädigen Schicksal geleitet. Oskar muss sein Schicksal trommelnd selbst in die Hand nehmen. Und am Ende steht nicht der Gral und die Gralsritterschaft, sondern die Heil- und Pflegeanstalt. Aber eines bleibt auch ihm: die entscheidende Szene mit den drei Blutstropfen im Schnee.

»Diese Geschichte stimmt, weil sie zu mir paßt. Wahrscheinlich paßt sie zu jedem, der eine Idee hat [...] Mein ungeschicktes Bild wird ihnen deutlich genug sein: der

Schnee, das ist die Berufskleidung einer Krankenschwester; das Rote Kreuz, welches die meisten Krankenschwestern, so auch Schwester Dorothea, in der Mitte ihrer den Kragen zusammenhaltenden Brosche tragen, leuchtete mir an Stelle der drei Blutstropfen. Da saß ich nun und bekam den Blick nicht fort.«

Auch Parzival bekommt den Blick nicht fort. Denn die drei Blutstropfen im Schnee holen die Erinnerung herauf an seine geliebte Frau Kondwiramurs. Kondwiramurs wird in der BLECHTROMMEL zur Krankenschwester Dorothea, mit der der »Satan« Oskar seinen unvermögenden Sex auf dem Kokosläufer treibt. Aber die Erinnerung bleibt. Und sie soll für den Leser bleiben. Oskar, der Verwachsene, auch Oskar, der Dreijährige mit seiner Trommel, ist Parzival auf der Suche nach dem Gral. Im 20. Jahrhundert findet er allerdings nur den Beton der Bunker am Atlantikwall. Und seine Kondwiramurs, Roswitha ,bringt er, weil er an sich und nicht an ihre Frühstücksbedürfnisse denkt, zu Tode.

Ob der Leser Günter Grass den »Parzival« Oskar abnimmt? Die Unterschiede sind doch zu groß. Allerdings nur dann, wenn man DIE BLECHTROMMEL nicht als Parodie verstehen will, vor allem als Parodie auf den deutschen Bildungsroman, den der PARZIVAL des Wolfram von Eschenbach inspirierte.

Für Günter Grass' BLECHTROMMEL stand Goethes Bildungsroman WILHELM MEISTERS LEHRJAHRE Pate. Ein Wilhelm Meisterchen ist Oskar allemal. Oskar Matzerath durchmisst, wie Goethes Wilhelm Meister, alle Etappen einer Bildung. Und es gibt eine Reihe Indizien, die DIE BLECHTROMMEL in die Nähe von Goethes Bildungsroman stellen. Oskar wird als Sohn eines Kolonialwarenhändlers geboren. Er will aber etwas anderes, nämlich Künstler

Bildungsroman

Der Bildungsroman ist eine Form des Entwicklungsromans. Dieser beschreibt die persönliche Entwicklung eines Helden, auch mit psychologischer Motivierung. Im Gegensatz zum Entwicklungsroman interessiert den Bildungsroman weniger die Persönlichkeits- und Charakterentwicklung im Verlauf der Lebensschicksale eines Helden als vielmehr der Einfluss von allgemeiner Bildung und von durch Personen gestalteter Umwelt auf die Entwicklung des Helden. Da er selbst nicht aktiv an seiner Entwicklung zur gereiften Persönlichkeit Anteil hat, wird er zum »passiven« Helden, der sich aufgrund äußerer humaner Einflüsse zur Persönlichkeit bildet. Hervorragende Beispiele in der deutschen Literatur sind Wielands AGATHON, Goethes WILHELM MEISTERS LEHRJAHRE, Kellers DER GRÜNE HEINRICH und Hermann Hesses DAS GLASPERLENSPIEL. Als Parodie des Bildungsromans darf Thomas Manns DER ZAUBERBERG gelten.

werden: Blechtrommler, Glaszersinger. Wilhelm Meister wird in das gutbürgerliche Geschäft seines Vaters geboren, will aber Schauspieler werden. Und es ist bezeichnend, dass der Vater Oskars an die Zukunft des Geschäftes, die Mutter – wenn auch unbewusst – an die künstlerische Zukunft des Sohnes denkt.

Für den Bildungsroman ist das Reisen ein grundlegendes Muster. Als er Bebra, seinen »Meister«, kennen lernt, beginnt auch für Oskar das Reisen. Aber es ist keine Reise zu einem Ziel. Oskar wird, auch als Ostflüchtling, nirgendwo ankommen, es sei denn auf der Bühne, um Glas zu zersingen. Ankommen wird er schließlich aus freiwilligem Entschluss in der Heil- und Pflegeanstalt. Das ist freilich nicht das Ziel, um dessentwillen die Reise im Bildungsroman unternommen wird. »Ich weiß, daß ich ein Glück erlangt habe, das ich nicht verdiene«, lässt Goethe Wilhelm Meister am Ende sagen, »und das ich mit nichts in der Welt vertauschen möchte«. Hätte Oskar das weiß lackierte Bett nicht, die Heil- und Pflegeanstalt wüsste er schon mit einem besseren Ort zu vertauschen. Dass er im weiß lackierten Bett landet, ist deutlich genug und weist darauf hin, dass mit der BLECHTROMMEL der Bildungsroman zwar zitiert, aber zugleich parodiert wird. Denn Oskar kehrt zwar nicht in seine embryonale Kopflage zurück, aber doch immerhin dahin zurück, woher er kam.

Bildungsroman oder Anti-Bildungsroman? Oskar selbst macht sich darüber, den Leser einbeziehend, seine Gedanken: »Sie werden sagen: In welch begrenzter Welt mußte sich der junge Mensch heranbilden! Zwischen einem Kolonialwarengeschäft, einer Bäckerei und einer Gemüsehandlung mußte er sein Rüstzeug fürs spätere, mannhafte Leben zusammenlesen. Wenn ich auch zugeben muß, daß Oskar seine ersten, so wichtigen Eindrücke in recht muffig kleinbürgerlicher Umgebung sammelte, gab es schließlich noch einen dritten Lehrer. Ihm blieb es überlassen, Oskar die Welt zu öffnen und ihn zu dem zu machen, was er heute ist, zu einer Person, die ich mangels einer besseren Bezeichnung mit dem unzulänglichen Titel Kosmopolit behänge.«

Dieser dritte Lehrer ist Bebra, ein in der Karikatur wieder auferstandener Lothario aus Goethes WILHELM MEISTER, dessen Dame an seiner Seite, die zeitlose Schöne Roswitha Raguna, Oskar vorherbestimmt ist, wie die Schwester Lotharios, Natalie, Wilhelm vorherbestimmt war. Aber in der BLECHTROMMEL kommt es nicht zur glücklichen Vereinigung. Roswitha wird sterben wegen Oskars Versäumnis.

Günter Grass stellt seine BLECHTROMMEL in die Tradition des Bildungsromans, aber nur um ihn zu konterkarieren. Goethe wird herbeigerufen, um die Parodie erkennbar zu machen. WILHELM MEISTER ist auch in der Theaterleidenschaft des Oskar Matzerath anwesend. Hieß doch Goethes Roman ursprünglich »Wilhelm Meisters theatralische Sendung« und war zunächst ein Theaterroman. Zwar spielt Oskar nicht wie Wilhelm Meister den Hamlet, aber er findet wie Wilhelm in Goethes Frühfassung seine Erfüllung als Künstler. Goethe hat seinen Theaterroman zum Bildungsroman umgeschrieben. Am Ende seines Bildungsweges ist Wilhelm nicht Schauspieler, sondern als Wundarzt praktizierendes Mitglied der Gesellschaft. Solcher gesellschaftsfördernden Tätigkeit verweigert sich Oskar nicht nur dadurch, dass er sein Wachstum verweigert. Schon bei seiner Geburt sieht er den Falter um die Glühbirnen flattern. Und er weiß: »Der Falter trommelte.«

Das Trommeln aber wird Oskars künstlerische Tätigkeit werden. Als Trommler, nicht als tätiges Mitglied der Gesellschaft, wird er sich verwirklichen. In dieser »Kunst« des Trommelns wird er es zu einer beachtlichen Meisterschaft bringen. Nicht zufällig nennt Oskar neben Bebra schon den bräunlich gepuderten Nachtfalter seiner Geburtsstunde seinen »Meister«. Oskar wird nicht wachsen, er wird sich nicht »bilden«, außer auf seiner Trommel. Als es schließlich doch zum Wachsen kommt, bleibt sein Buckel.

Günter Grass ist nicht so einfältig, Goethe nur zu zitieren, um ihn zu desavouieren. Nein, er zitiert ihn, um die Bildungsidee des WILHELM MEISTER auf die Probe zu stellen. Sein Oskar ist von Geburt an mit den Gaben des Geistes und der Erkenntnis versehen. Er durchschaut, diagnostiziert, trommelt und singt gegen den Zeitgeist an, ohne dessen katastrophale politische und gesellschaftliche Auswirkungen verhindern zu können. Günter Grass ist auch nicht so einfältig zu meinen, dass Buchenwald in einem kausalen Zusammenhang mit Weimar stehe. Buchenwald gibt es trotz Weimar. Den Faschismus gab es trotz der Klassik.

Freilich, die Klassik und ihre Ideale des Schönen, Wahren und Guten haben sich in Deutschland zwischen 1933 und 1945 verabschiedet. Auch nach 1945 bleiben die Ideale schal, solange nicht aufgearbeitet ist, was in der Zeit des Faschismus in Deutschland geschehen war. Günter Grass, der vom Schreiben Besessene, kann es nur literarisch. Und er weiß: Solche Aufarbeitung kann literarisch kaum als »Dank an Goethe« geschehen. Deshalb muss er einen Anti-Bildungsroman schreiben, sich der Schuld, auch der persönlichen, bewusst. Erinnert werden aber soll damit natürlich auch an den Bildungsroman, an ein besseres Deutschland, dessen Kultur vielleicht einmal in der Lage sein wird, dem Faschismus in Deutschland, auch der Barbarei der Bücherverbrennung, endgültig ein Ende zu bereiten. Weimar ohne Buchenwald? Eine Utopie? Oskar trommelt nicht nur *gegen* etwas an. Günter Grass schreibt *für* etwas: für ein Weimar ohne Buchenwald.

Oskar trommelt auch mit einem anderen literarisch Verwandten: mit Grimmelshausens Simplicissimus. Der brauchte im 17. Jahrhundert das Narrenkostüm, um der Zeit den Spiegel vorzuhalten. Es ist eine Zeit der Umwertung aller Werte, die Zeit des Dreißigjährigen Krieges, eine Zeit, die nur als Endzeit verstanden werden konnte.

»Es eröffnet sich zu dieser unserer Zeit (von welcher man glaubt, daß es die letzte seie) unter geringen Leuten eine Sucht, in deren die Patienten, wann sie daran krank liegen und so viel zusammen geraspelt und erschachert haben, daß sie neben ein paar Hellern im Beutel ein närrisches Kleid auf die neue Mode mit tausenderlei seidenen Banden antragen können oder sonst etwa durch Glücksfall mannhaft und bekannt worden, gleich rittermäßige Herren und adlige Personen von uraltem Geschlecht sein wollen, da sich doch oft befindet, daß ihre Voreltern Taglöhner, Karchelzieher und Lastträger, ihre Vettern Eseltreiber, ihre Brüder Büttel und Schergen, ihre Schwestern Huren.«

So beginnt Grimmelshausen seinen SIMPLICISSIMUS TEUTSCH. Die »letzte« Zeit des Dreißigjährigen Krieges ist gegen die Endzeit des Zweiten Weltkrieges vergleichsweise harmlos. Mit dem Zweiten Weltkrieg ist eine Endzeit eingetreten, die eher apokalyptisches Ausmaß erreicht hat. Die Apokalypse hat stattgefunden, ist aber für die, für die Oskar in der Nachkriegszeit trommelt, immer noch nicht zur Endzeit geworden. Was Grimmelshausen zu Beginn seines SIMPLICISSIMUS TEUTSCH beschreibt, ist nicht nur die Gesellschaft des 17. Jahrhunderts, es ist auch und immer noch die Gesellschaft im Zwiebelkeller nach 1945.

Angesichts solcher Gesellschaft kann man nur satirisch schreiben. Die Satire verlangt den distanzierten Blick des Betroffenen. Denn wenn nicht betroffen, kann nicht überzeugend benannt werden, wenn nicht distanziert, kann nicht satirisch benannt werden. Ob Oskar betroffen ist? Distanz hat er. Dass sein Autor betroffen ist, steht außer Frage. Dabei bedient sich Günter Grass – nicht nur die Perspektive der Ich-Erzählung ist Ausweis dafür – der Form des Schelmenromans. Dass er sich dieser literarischen Gattung bedient, hängt mit der satirischen Absicht des Romans zusammen.

Satire ist hier nicht im eingeschränkt literaturwissen-
schaftlichen Sinne gemeint als Anprangerung von Miss-
ständen, die den Leser zum Richter aufruft und mit der
Absicht geschrieben ist, ihn zu bessern. Satire ist hier auch
nicht im Sinne der antiken römischen Satire gemeint, als
deren Charakteristika Kritik, Belehrung, persönliches En-

Schelmenroman

Richard Alewyn hat schon 1963 anhand des SIMPLICISSIMUS
TEUTSCH die Merkmale des Schelmenromans aufgezeigt:

– Er spielt in der Gegenwart und in einer Welt der Soldaten, Krämer, Quacksalber, Schausteller, Komödianten
und Musikanten oder aber unter den noch anrüchigeren
Outcasts und Outlaws: Bettlern und Räubern, Dieben und
Dirnen;

– er ist die Lebensgeschichte eines jungen Burschen, von
diesem selbst in der Ichform erzählt, der in dürftigen, wo
nicht verkommenen Verhältnissen aufgewachsen ist und
als unerfahrenes Kind in die Welt verschlagen wird, dort
aber schnell seiner Torheit wie seiner Unschuld verlustig
geht, und es lernt, um sein Glück zu machen oder wenigstens sein Leben zu fristen, sich mit viel List und wenig
Skrupeln dem Zufall auszuliefern, der ihn bald hierhin,
bald dorthin, bald nach oben, bald nach unten schleudert;

– er will schonungslos demaskieren, desillusionieren oder
aber die Wirklichkeit da aufsuchen, wo sie nackt am Tage
liegt;

– so wie der Held als Kind am Anfang unfreiwillig in das
Leben gestoßen worden ist, so tritt er am Ende, aber diesmal freiwillig wieder aus;

– die Erzählung zerfällt in Episoden, von denen jede, wie
die Glieder einer Kette, nur an ihrem Rande mit der be-
nachbarten verknüpft ist.

gagement und Verwendung der Umgangssprache gelten. Satire ist bei Günter Grass durchaus im Schillerschen Sinne gemeint. Schiller hat in seiner großen Abhandlung Über naive und sentimentalische Dichtung die Satire als Ausdruck der erkannten Diskrepanz zwischen Wirklichkeit und Ideal verstanden.

»In der Satire wird die Wirklichkeit als Mangel dem Ideal als der höchsten Realität gegenübergestellt. Es ist übrigens gar nicht nötig, daß das letztere ausgesprochen werde, wenn der Dichter es nur im Gemüt zu erwecken weiß; dies muß er aber schlechterdings, oder er wird gar nicht poetisch wirken. Die Wirklichkeit ist also hier ein notwendiges Objekt der Abneigung.«

Die Wirklichkeit, die Günter Grass beschreibt und gegen die Oskar antrommelt und ansingt, kann in der Tat nur ein »Objekt der Abneigung« genannt werden. Dies vorausgesetzt, weiß Günter Grass alle Mittel des satirischen Schreibens zu nutzen, um dem »Objekt der Abneigung« habhaft zu werden: die Entlarvung, die Verspottung, die Karikatur, das parodistische Zitieren, die schonungslose Darstellung kleinbürgerlicher Wirklichkeit bis hin zur detailfreudigen Beschreibung ihrer Obszönitäten. Wir sehen: Die Blechtrommel ist ein Schelmenroman mit den Kennzeichen der Satire.

Es ist verblüffend, wie genau sich Günter Grass in seiner Blechtrommel der auf Seite 62 skizzierten Merkmale des Schelmenromans bedient. Vor allem das Erzählen in Episoden kennzeichnet den Roman. Man kann ohne Schwierigkeiten die einzelnen Kapitel aus dem Romanganzen herausnehmen und als erzählte Episoden lesen. Sie sind in sich geschlossen und haben meistens ein fest umrissenes Thema, das durch die Kapitelüberschriften benannt wird: »Falter und Glühbirne«, »Die Tribüne«,

»Brausepulver«, »Die Stäuber«, »Madonna 49«, »Im Zwiebelkeller« und so weiter.

Man mache die Probe aufs Exempel und nehme das
Kapitel »Brausepulver«. Allenfalls die Namen Maria,
Oskar, Jan, Matzerath wären zu verallgemeinern bzw. zu
erläutern; die Rückbezüge auf das dem Leser schon
Bekannte wären zu tilgen und wir hätten eine in sich
geschlossene Erzählung. Auf der anderen Seite – und hier
schließt sich Günter Grass der Gattung des Bildungsromans an – gibt es eine Kontinuität der Handlung. Mit
anderen Worten: Grass' Oskar durchläuft einen Entwick-
lungsprozess bis hin zum Entschluss, sich den zwei Herren,
die »keine weitläufigen Röcke, sondern amerikanisch zu-
geschnittene Regenmäntel« tragen, zu überlassen, um in
der Heil- und Pflegeanstalt seine Lebensgeschichte als
Schelmenroman schreiben zu können. Es zählen hier aber
nicht nur formale Ähnlichkeiten. Grimmelshausens SIMPL-
ICISSIMUS TEUTSCH läuft auf das Kapitel mit der Absage an
die Welt hinaus. Nachdem Simplicius alle möglichen
Stadien des Lebens – als »tumber tor«, als Narr, als Sänger,
als Liebhaber und so weiter – durchlaufen hat, sagt das 24.
Kapitel des fünften Buches, das letzte Kapitel des Romans,
»warum Simplicius die Welt wieder verlassen« will.

»Adjeu Welt, dann auff dich ist nicht zu trauen / noch
von dir nichts zu hoffen / in deinem Hauß ist das vergan-
gene schon verschwunden / das gegenwärtige verschwin-
det uns unter den Händen / das zukünfftige hat nie ange-
fangen / das aller-beständigste fällt / das aller-stärckste
zerbricht / und das aller-ewigste nimmt ein End; also / daß
du ein Todter bists unter den Todten / und in hundert
Jahren lästu uns nicht eine Stund leben [...] O Welt
behüt dich GOTT / dann in deinem Hauß führet man weder ein heilig Leben / noch einen gleichmäßigen Todt.«

Oskar ist nicht nur ein Simplicissimus, weil er wie dieser in Episoden Stadien eines Lebens durchläuft; er ist vor allem deshalb ein Simplicissimus, weil er wie dieser der Welt, deren Verlogenheit er durchschaut, den Rücken kehrt, ins weiß lackierte Bett will, unter die Röcke der Großmutter, in den Mutterschoß der Agnes zurück.

Die große Parodie

Buchenwald ist nicht Weimar. Aber die geografische Nähe kann ängstigen. Am 6. April 1779 führt Goethe am Fuße des Ettersberges bei Weimar seine IPHIGENIE auf. Es ist eine Auftragsarbeit seines Herzogs Karl August zum Geburtstag der Herzogin Luise. Goethe brauchte für die Prosafassung der IPHIGENIE kaum sechs Wochen. Bei der Erstaufführung in Ettersburg spielt er selbst den Orest. »Nie werde ich den Eindruck vergessen, den er als Orestes im griechischen Kostüm in der Darstellung seiner Iphigenie machte«, erinnert sich Christoph Wilhelm Hufeland, der Leibarzt des Herzogs von Weimar. »Man glaubte einen Apollo zu sehen. Noch nie erblickte man eine solche Vereinigung physischer und geistiger Vollkommenheit und Schönheit in einem Manne als damals in Goethe.« Goethe selbst vermerkt am Tag der Aufführung in seinem Tagebuch: »Iphigenie gespielt. Gar gute Wirkung davon, besonders auf gute Menschen.«

Unweit von Schloss Ettersburg, auf dem rückwärtigen Hang des Ettersberges, legten die Nationalsozialisten 1937 das Konzentrationslager Buchenwald an. Annähernd eine Viertelmillion Menschen aus über dreißig Ländern wurden dort bis 1945 gefangen gehalten. Über 56 000 Insassen starben in Buchenwald an Auszehrung oder wurden durch

Genickschuss liquidiert. Auch nach 1945 blieb Buchenwald Konzentrationslager: für die Sowjets.

Weimar und Buchenwald: Es passt nicht zusammen; aber es gehört zusammen in der deutschen Geschichte. Wer heute Weimar besucht, wird allenthalben auf Goethe treffen. Nicht nur im Gartenhaus im Ilmpark und im Wohnhaus am Frauenplan. Freilich, auch Herder, Schiller und Wieland begegnen ihm, auch Bach und Nietzsche, aber weniger aufwändig. Wer ins Esszimmer des Hauses am Frauenplan tritt, wird mit »Salve« begrüßt. 1794, als er das Haus endlich zum Eigentum bekam, ließ Goethe das »Salve« in die Schwelle der Tür zum Esszimmer einlegen.

Die wenigsten der Besucher bemerken, dass über der Tür der Adler des Jupiter thront. Dass wir auf den Olymp kommen, hatte Heine schon erkannt, als er am 2. Oktober 1824 Goethe besuchte und im Juno-Zimmer empfangen wurde. Auch hier der Adler des Zeus. In der ROMANTISCHEN SCHULE erinnert sich Heine:

»Wahrlich, als ich ihn in Weimar besuchte und ihm gegenüberstand, blickte ich unwillkürlich zur Seite, ob ich nicht auch neben ihm den Adler sähe mit den Blitzen im Schnabel. Ich war nahe dran, ihn griechisch anzureden; da merkte ich aber, daß er deutsch verstand, so erzählte ich ihm auf deutsch: daß die Pflaumen auf dem Weg zwischen Jena und Weimar sehr gut schmeckten. Ich hatte in so manchen langen Winternächten darüber nachgedacht, wieviel Erhabenes und Tiefsinniges ich dem Goethe sagen würde, wenn ich ihn mal sähe. Und als ich ihn endlich sah, sagte ich ihm, daß die sächsischen Pflaumen sehr gut schmeckten. Und Goethe lächelte.«

Ist es hintergründige Ironie oder Verlegenheit, die Heine von den Pflaumen auf dem Weg von Jena nach Weimar sprechen lässt? Ist es Verlegenheit oder Überlegenheit, die Goethe lächeln lässt? »Les dieux s'ent vont«, schreibt Heine, als Goethe gestorben ist – die Götter gehen.

Von Heine zu Günter Grass ist kein weiter Schritt. Der Olympier ist zu entthronen. Vor allem in seiner Selbststilisierung. Im Oktober 1809 beginnt Goethe mit seiner Autobiografie AUS MEINEM LEBEN. DICHTUNG UND WAHRHEIT. Sie ist schon ein Jahr lang geplant. Goethe unterbricht die Materialsammlung im Dezember durch die Lektüre von Grimmelshausens SIMPLICISSIMUS TEUTSCH. Bei Grimmelshausen konnte er – wenn auch in einer fiktiven Biografie – lesen, was ein Leben zu einem exemplarischen macht. Es ist vor allem die günstige Stunde der Geburt. Im achten Kapitel des fünften Buches wird von des Simplicissimus Geburt und Herkunft gesprochen: Simplicius ist nicht Kind bäuerlicher Eltern, wie er selbst annahm, sondern Sohn eines Adligen, in der zweiten Nacht nach der Höchster Schlacht geboren.

Die Einzelheiten sollen hier nicht interessieren. Aber Grimmelshausen legt alles darauf an, seinen Simplicissimus in einer wahren »Sternstunde« geboren sein zu lassen. Ob Goethe das unbemerkt geblieben sein sollte? Seine Autobiografie beginnt er:

»Am 28. August 1749, mittags mit dem Glockenschlage zwölf, kam ich in Frankfurt am Main auf die Welt. Die Konstellation war glücklich: Die Sonne stand im Zeichen der Jungfrau und kulminierte für den Tag; Jupiter und Venus blickten sie freundlich an, Merkur nicht widerwärtig, Saturn und Mars verhielten sich gleichgültig; nur der Mond, der soeben voll ward, übte die Kraft seines Gegenscheins um so mehr, als zugleich seine Planetenstunde eingetreten war. Er widersetzte sich daher meiner Geburt, die nicht eher erfolgen konnte, als bis diese Stunde vorübergegangen. Diese guten Aspekte, welche mir die Astrologen in der Folgezeit sehr hoch anzurechnen wußten, mögen wohl Ursache an meiner Erhaltung gewesen sein: denn durch Ungeschicklichkeit der Hebamme kam ich für tot auf die Welt, und nur durch vielfache Bemühungen brachte man es dahin, daß ich das Licht erblickte.«

Goethe hat ein wenig korrigiert. Nicht mit Glockenschlag zwölf, sondern zwischen zwölf und eins, wie die ungenaue Chronik vermerkt, erblickte er das Licht der Welt. Goethe hat korrigiert, weil er sein Leben aus der Rückschau von DICHTUNG UND WAHRHEIT als ein exemplarisches verstanden wissen wollte. Da nimmt es nicht wunder, wenn die Geburtsstunde schon vorausweist auf ein Leben, das sich als »geprägtes« erweisen wird, als sich lebend entwickelnde Gestalt, die durch »keine Zeit und keine Macht zerstückelt« werden kann, wie Goethe es in seinem Gedicht URWORTE. ORPHISCH ausdrückt. Da nimmt es auch nicht wunder, wenn der Konstellation der Sterne in der Stunde der Geburt die ihr gebührende Schicksalsrolle zugesprochen wird. Im Falle Goethes hatte die Konstellation der Sterne günstig zu sein. Im Falle Oskar Matzeraths wird sie es nicht sein.

Günter Grass zitiert Goethes Autobiografie, und zwar in parodierender Weise, um mit Oskar den Anspruch der »geprägten Form« in Frage zu stellen. Wie genau Günter Grass das Mittel der Parodie verwendet, wird in der Kontrastierung erkennbar: Wie Goethe ist Oskar im Zeichen der Jungfrau geboren, aber nicht am 28. August, sondern – etwas ungenau – in den ersten Septembertagen; auch nicht mittags mit dem Glockenschlag zwölf, sondern irgendwann in der Nacht. »Es war in den ersten Septembertagen. Die Sonne stand im Zeichen der Jungfrau. Von fernher schob ein spätsommerliches Gewitter,

Kisten und Schränke verrückend, durch die Nacht. Merkur machte mich kritisch, Uranus einfallsreich, Venus ließ mich ans kleine Glück, Mars an meinen Ehrgeiz glauben. Im Hause des Aszendenten stieg die Waage auf, was mich empfindlich stimmte und zu Übertreibungen verführte. Neptun bezog das zehnte, das Haus der Lebensmitte und verankerte mich zwischen Wunder und Täuschung. Saturn war es, der im dritten Haus in Opposition zu Jupiter mein Herkommen in Frage stellte.«

Bezeichnend auch für die Parodie: Bei Goethe und für sein Leben ist die *Konstellation* der Gestirne das Entscheidende, bei Günter Grass und für Oskar ist der *Einfluss* der einzelnen Planeten entscheidend, ein Einfluss, der keineswegs eine »gestaltete« Persönlichkeit erwarten lässt, sondern eine eher von Stimmungen und Zufällen beeinflusste. Damit der Leser es auch ja nicht überliest, dass Goethe hier parodierend zitiert wird, gibt es einen deutlichen Hinweis. Das letzte Wort vor der Passage mit der Sternenkonstellation zu Oskars Geburt heißt »Meister«: Oskar hält sich »an jenen mittelgroßen, bräunlich gepuderten Nachtfalter« seiner Geburtsstunde, nennt ihn »Oskars Meister«.

Angespielt wird einmal wieder auf Goethes WILHELM MEISTERS LEHRJAHRE, dem genau das Konzept der sich »lebend entwickelnden Gestalt« zugrunde liegt. Oskars »Meister« aber ist ein Nachtfalter, der um zwei simple Sechzig-Watt-Glühbirnen, die für Oskar das Licht der Welt abgeben müssen, eine »Trommelorgie« veranstaltet. Bei seiner Geburt also – und hier scheint Günter Grass Goethes Entwicklungsidee aufzugreifen – ist Oskars Lebensweg schon vorgezeichnet. Aber das ist nur eine scheinbare Übernahme Goethescher Vorstellungen. Im fünften Buch von WILHELM MEISTERS LEHRJAHREN lässt Goethe seinen

Protagonisten Wilhelm einen Brief an seinen Jugend-
freund Werner schreiben, in dem von diesen Vorstellungen
die Rede ist: »Daß ich dir's mit einem Wort sage: mich
selbst, ganz wie ich da bin, auszubilden, das war dunkel
von Jugend auf mein Wunsch und meine Absicht.«

Freilich, Wilhelm gerät mit diesem Wunsch auf Irrwege. Aber es gilt die Maxime: »Der Irrtum kann nur
durch das Irren geheilt werden.« Goethe stellt in einem
Gespräch mit Johann Peter Eckermann am 18. Januar
1825 die Verbindung zwischen dem Gedanken der notwendigen Irrwege und der höheren Bestimmung her.

»Man sucht einen Mittelpunkt, und das ist schwer und
nicht einmal gut. Ich sollte meinen, ein reiches, mannigfal-
tiges Leben, das unsern Augen vorübergeht, wäre auch an
sich etwas ohne ausgesprochene Tendenz, die doch bloß für
den Begriff ist. Will man aber dergleichen durchaus, so
halte man sich an die Worte Friedrichs, die er am Ende an
unsern Helden richtet, indem er sagt: ›Du kommst mir
vor wie Saul, der Sohn Kis, der ausging, seines Vaters
Eselinnen zu suchen, und ein Königreich fand.‹ Hieran
halte man sich. Denn im Grunde scheint doch das Ganze
nichts anderes sagen zu wollen, als daß der Mensch trotz
aller Dummheiten und Verwirrungen von einer höheren
Hand geleitet doch zum glücklichen Ziele gelange.«

Dass der Mensch trotz aller Dummheiten und Verwirrungen von einer höheren Hand geleitet ist, das ist die
Aussage des Bildungsromans Goethe'scher Prägung. Dem
kann Oskar nicht zustimmen, wenngleich sein Leben von
Geburt an durch Falter und Blechtrommel »vorherbestimmt« ist. Falter und Glühbirne sind nicht zufällig bei
Oskars Geburt anwesend. Oskar erblickt das Licht der
Welt in Gestalt zweier Sechzig-Watt-Glühbirnen. Oskar
wird in einer Scheinwelt aufwachsen, wenn denn von

Aufwachsen die Rede sein kann. Glühbirne und Falter:
Mit dem Falter haben wir eine weitere Anspielung auf
Goethe. Eines seiner großen Gedichte aus dem Spätwerk,
aus dem WEST-ÖSTLICHEN DIVAN, greift das seit der
Emblematik der Barockliteratur bekannte Bild vom
Falter auf, der, magisch angezogen, um die Flamme fliegt,
um letztlich in ihr zu verbrennen. In Joachim Camerarius'
SYMBOLORUM & EMBLEMATUM COLLECTA von 1598, einer
der bekanntesten Emblem-Sammlungen der Barockzeit,
findet sich eine Darstellung, auf der Schmetterlinge in
eine Kerzenflamme fliegen.

Die Überschrift: »Brevis et damnosa voluptas« (»kurz
und Verderben bringend ist die Begierde«) weist auf den
Zusammenhang zwischen leidenschaftlicher und todbrin-
gender Liebe hin. Eine Frage erläutert Bild und Überschrift: »Wer betört um das Feuer der Liebe flattert, ist der
nicht wie ein Schmetterling?« Gemeint ist: »wie ein
Schmetterling«, der sich der Anziehungskraft der Flamme
nicht entziehen kann und deshalb zugrunde geht. In der
sinnbildlichen Tradition ist vornehmlich diese auf die
Verderben bringende Leidenschaft bezogene Deutung des
Bildes geläufig. Goethe benutzt das Bild im »Buch des
Sängers« im WEST-ÖSTLICHEN DIVAN, um seine Bedeutung zu erweitern bzw. zu verallgemeinern:

Sagt es niemand, nur den Weisen,
Weil die Menge gleich verhöhnet,
Das Lebend'ge will ich preisen,
Das nach Flammentod sich sehnet.

In der Liebesnächte Kühlung,
Die dich zeugte, wo du zeugtest,
Überfällt dich fremde Fühlung,
Wenn die stille Kerze leuchtet.

Nicht mehr bleibest du umfangen
In der Finsternis Beschattung,
Und dich reißet neu Verlangen
Auf zu höherer Begattung.

Keine Ferne macht dich schwierig,
Kommst geflogen und gebannt,
Und zuletzt, des Lichts begierig,
Bist du, Schmetterling, verbrannt.

Und so lang du das nicht hast,
Dieses: Stirb und werde!
Bist du nur ein trüber Gast
Auf der dunklen Erde.

Das »Stirb und werde«: Es ist die entscheidende Einsicht der späten Jahre, die Goethe auch auf seine künstlerische Existenz bezieht. Erst derjenige kann zu neuem Leben erstehen, der bereit ist, das Leiden, ja den Tod auf sich zu nehmen. Dass dieses Gedicht von Goethes Künstlerbewusstsein spricht, hat Thomas Mann sehr genau erkannt. In seinem Roman LOTTE IN WEIMAR ist es dieses Divan-Gedicht, das zu einem Gespräch über die ästhetischen Anschauungen Goethes mit Charlotte Kestner, geborene Buff, der Lotte des WERTHER, führt. Goethe zu Charlotte:

»Liebe Seele, laß mich dir innig erwidern, zum Abschied und zur Versöhnung. Du handelst vom Opfer, aber damit ist's ein Geheimnis und eine große Einheit wie mit Welt, Leben, Person und Werk, und Wandlung ist alles. Den Göttern opferte man, und zuletzt war das Opfer der Gott. Du brauchtest ein Gleichnis, das mir lieb und verwandt ist vor allen, und von dem meine Seele besessen seit je: das von der Mücke und der tödlich lockenden Flamme. Willst du denn, daß ich diese sei, worein sich der Falter begierig stürzt, bin ich im Wandel und Austausch der

Dinge die brennende Kerze doch auch, die ihren Leib opfert, damit das Licht leuchte, bin ich auch wieder der trunkene Schmetterling, der der Flamme verfällt, – Gleichnis alles Opfers von Leib und Leben zu geistiger Wandlung.«

Wenn Günter Grass zur Geburtsstunde seines Oskar Matzerath Goethes »Selige Sehnsucht« aus dem WEST-ÖSTLICHEN DIVAN zitiert, will er genau dieses Künstlerbewusstsein treffen und parodieren. Auch Oskar wird ein Opfer sein, aber sein Opfer – die Verweigerung, erwachsen und damit reif zu werden – ist selbstbestimmt und ist bewusst gewählt.

Oskar wird zugleich das Opferdasein aufheben. Der Falter wird nicht verbrennen; denn er umflattert nicht eine Kerze, sondern nur zwei Sechzig-Watt-Glühlampen. Er trommelt mit seinen Flügeln, er veranstaltet eine Trommelorgie auf den Glühbirnen, wie Oskar trommeln wird auf seiner Blechtrommel. In der Tat: Der Falter ist Oskars »Meister«.

Auf eine weitere parodistische Anspielung sei verwiesen. Als Oskar Dorothea verführen will, mit dem Kokosläufer als Satan getarnt, ist er zur Verführung nicht in der Lage. »Was sich zu Brausepulverzeiten und oft genug danach als steif und zielstrebig erwiesen hatte, ließ im Zeichen der Kokosfaser den Kopf hangen, blieb lustlos, kleinlich, hatte kein Ziel vor Augen, kam keiner Aufforderung nach, weder meinen rein intellektuellen Überredungskünsten noch den Seufzern der Schwester Dorothea. [...] Schmeichelte ihm: Du bist doch sonst nicht so, denk mal zurück, an Maria, oder noch besser, an die Witwe Greff oder an die Scherze, die wir beide mit der zierlichen Roswitha im heiteren Paris trieben?«

Das ist nun schon mehr als Parodie. Es spielt nämlich an auf eines der umstrittensten, weil zugleich anzüglichs-

ten und sittlichsten Gedichte Goethes, auf sein Gedicht
»Das Tagebuch«. Es ist ein durchaus autobiografisch zu
verstehendes Gedicht, wenngleich der Anlass wesentlich
harmloser gewesen sein mag, als im Gedicht beschrieben.
Der Sprachgestus ist ein sehr persönlicher. Da wird von
»meiner Trauten« gesprochen. Das Gedicht ist auf 1810
datiert. Goethe ist auf einer Reise (von Karlsbad?) zurück
nach Weimar. Doch »Zerbrochen sollte/Mein Wagen
mich noch eine Nacht verspäten«. Er kehrt in einem Wirts-
haus ein. Das Mädchen, das ihn bedient, weckt Begierde.
Sie aber hält ihn vorerst zurück, da die »Muhme drunten
lauscht«. »Doch schließe deine Tür und wache,/So
kommt die Mitternacht uns wohl zu Gute.« Das Mädchen
kommt.

So schließt sie mich an ihre Brüste,
Als ob ihr nur an meiner Brust behage,
Und wie ich Mund und Aug und Stirne küßte,
So war ich doch in wunderbarer Lage:
Denn der so hitzig sonst den Meister spielet,
Weicht schülerhaft zurück und abgekühlet.

Alles Ermuntern hilft nichts. Der »Meister« versagt den
Dienst. Das Mädchen aber schläft, als genüge ihr der
Kuss, zufrieden ein. Und Goethe bzw. der Ich-Erzähler
des Gedichtes räsoniert.

So war es nicht vor Jahren,
Als deine Herrin dir zum ersten Male
Vors Auge trat im prachterhellten Saale.

Da quoll dein Herz, da quollen deine Sinnen,
So daß der ganze Mensch entzückt sich regte.
Zum raschen Tanze trugst du sie von hinnen,
Die kaum der Arm und schon der Busen hegte,

Als wolltest du dir selbst sie abgewinnen;
Vervielfacht war, was sich für sie bewegte.
Verstand und Witz und alle Lebensgeister
Und rascher als die andern jener Meister.

Oskar denkt auf dem Kokosläufer zurück an seine »Frau« Maria, mit der er den Sohn Kurt »zeugte«; er denkt zurück an die Scherze mit der zierlichen Roswitha im heiteren Paris. Eine Goethe-Parodie allein? Auch hier kommt Grimmelshausen wieder ins Spiel. Denn im heiteren Paris holt sich Simplicissimus als Beau Alman die venerische Krankheit.
Aber die Erinnerungen helfen nichts. Mit Dorothea, die ganz im Gegensatz zu Goethes Mädchen mehr will als einen Kuss, klappt es nicht. Sie ist nicht zufrieden gestellt, flieht vor Oskar.
Mit Goethe lernt Oskar lesen, mit ihm steigt er zu den Müttern hinab, zu denen einst Goethes Faust hinabstieg. Aber Oskar steigt zu ihnen nur hinab, um mit ihnen Orgien zu feiern.
Goethe wird korrigiert und das Heiter-Klassische wird zum Dämonischen. Dafür steht dann als Symbolfigur die Schwarze Köchin: »Ich habe mich mein Lebtag nicht vor der Schwarzen Köchin gefürchtet. Erst auf der Flucht, da ich mich fürchten wollte, kroch sie mir unter die Haut, verblieb dort, wenn auch zumeist schlafend, bis zum heutigen Tage, da ich meinen dreißigsten Geburtstag feiere, und nimmt verschiedene Gestalt an: So kann es das Wörtchen Goethe sein, das mich aufschreien und ängstlich unter die Bettdecke flüchten läßt. So sehr ich von Jugend an den Dichterfürsten studierte, seine olympische Ruhe ist mir schon immer unheimlich gewesen. Und wenn er heute verkleidet, schwarz und als Köchin, nicht mehr licht

und klassisch, sondern die Finsternis eines Rasputin über-
bietend, vor meinem Gitterbett steht und mich anläßlich
meines dreißigsten Geburtstags fragt: ›Ist die Schwarze
Köchin da?‹, fürchte ich mich sehr.«

Das Heitere und das Dämonische: zwei Seelen in
Oskars Brust. Dass Goethe wie Großmutter Bronski im
Laufe des Romans zur Schwarzen Köchin wird, liegt an
der Perversion des Klassischen durch die Barbarei des
Nationalsozialismus. Oskar als Ich-Erzähler weiß sich nur
in die Parodie zu retten. Die Goethe-Parodie ist allenthalben im Roman erkenntlich. Weitere parodierte Goethe-
Texte ließen sich ausmachen. Sie seien der Entdecker-
freude des Lesers der BLECHTROMMEL überlassen.

Faschismus

»Es soll nicht sein«, sagt Adrian Leverkühn, der Doktor
Faustus Thomas Manns. »Was, Adrian, soll nicht sein?«,
fragt Serenus Zeitblom, sein fiktiver Biograf. »Das Gute
und Edle«, antwortet Adrian. »Edel sei der Mensch, / Hilfreich und gut«, hatte Goethe in seinem großen weltan-
schaulichen Gedicht »Das Göttliche« geschrieben. »Es soll
nicht sein«, antwortet der Faust Thomas Manns.

Es soll nicht mehr sein, das Edle und Gute, weil es nicht
mehr sein kann angesichts des Faschismus in Deutschland. Die edle Güte der Iphigenie, die in einem barbari-
schen Regime Menschenopfer verhinderte, sie ist zurückzunehmen. Auch Beethovens neunte Symphonie mit
Schillers »Ode an die Freude« soll zurückgenommen werden. »Was willst du zurücknehmen«, fragt Serenus seinen
Freund Adrian, ihn nicht ganz verstehend. »Die neunte
Symphonie«, erwidert er.

Die neunte Symphonie: Das ist als Paradigma zu verstehen. Gemeint ist die deutsche Klassik mit ihrem - Humanitätsideal, gemeint sind Goethe, Schiller und Beethoven. Sie sind durch den deutschen Faschismus in Frage gestellt. Thomas Mann hatte 1947 mit seinem Roman DOKTOR FAUSTUS aufzuarbeiten versucht, wie es in Deutschland zum Faschismus kommen konnte. Er gibt eine im Wesentlichen geistesgeschichtliche Antwort. Er umgeht die Frage, weshalb das klassische Humanitätsideal den deutschen Faschismus nicht verhindern konnte. Er findet andere geistesgeschichtliche Konstanten.

Thomas Mann sieht im deutschen Wesen das Romantische – auch das Romantische als das Dämonische – und das Aufklärerische vereint. Aber das Romantisch-Dämonische kann die Überhand gewinnen und pervertieren. Wenn es pervertiert und wenn das aufgeklärte Korrektiv fehlt, ist der Schritt in die romantisierend-faschistische Barbarei nicht mehr weit. Schon 1930, in einer am 17. Oktober im Beethovensaal zu Berlin gehaltenen Rede, spricht Thomas Mann von dieser Gefahr, die nicht erst seit 1930 in Deutschland besteht.

»Eine neue Seelenlage der Menschheit, die mit der bürgerlichen und ihren Prinzipien: Freiheit, Gerechtigkeit, Bildung, Optimismus, Fortschrittsglaube nichts mehr zu schaffen haben sollte, wurde proklamiert und drückte sich künstlerisch im expressionistischen Seelenschrei, philosophisch als Abkehr vom Vernunftglauben, von der zugleich mechanistischen und ideologischen Weltanschauung abgelaufener Jahrzehnte aus, als ein irrationalistischer, den Lebensbegriff in den Mittelpunkt des Denkens stellender Rückschlag, der die allein lebenspendenden Kräfte des Unbewußten, Dynamischen, Dunkelschöpferischen auf den Schild hob, den Geist, unter dem man schlechthin das

Intellektuelle verstand, als lebensmörderisch verpönte und gegen ihn das Seelendunkel, das Mütterlich-Chthonische, die heilig gebärerische Unterwelt, als Lebenswahrheit feierte. Von dieser Naturreligiosität, die ihrem Wesen nach zum Orgiastischen, zur bacchischen Ausschweifung neigt, ist viel eingegangen in den Neo-Nationalismus unserer Tage, der eine neue Stufe gegen den bürgerlichen, durch stark kosmopolitische und humanitäre Einschläge doch ganz anders ausgewogenen Nationalismus des neunzehnten Jahrhunderts darstellt. Er unterscheidet sich von diesem eben durch seinen orgiastisch naturkultischen, radikal humanitätsfeindlichen, rauschhaft dynamistischen, unbedingt ausgelassenen Charakter.«

Thomas Mann spricht von einer neuen Seelenlage, er diagnostiziert grundsätzliche Humanitätsfeindlichkeit. Er führt das zurück auf die Überbetonung des »Mütterlich-Chthonischen«. Er hat im großen geistesgeschichtlichen Zusammenhang sicherlich zutreffend diagnostiziert. Ob die Diagnose aber der konkreten historischen Situation, die den Nationalsozialismus in Deutschland ermöglichte, gerecht wird, bleibt in Frage zu stellen.

Günter Grass jedenfalls sieht das etwas anders. Das »Mütterlich-Chthonische« ist für ihn nicht das Grundübel, das für den Kult des Barbarismus verantwortlich ist. Sonst säße nicht Anna Bronski an einem späten Oktobernachmittag mit ihren vier Röcken auf dem Kartoffelacker im Kaschubischen. Für Günter Grass ist es nicht die verfehlte Geistesgeschichte, die für den Faschismus in Deutschland verantwortlich zeichnet, es sind die Kleinbürger, die sich allzu bereitwillig einer Ideologie anpassen lassen, die ihrem ökonomischen Vorteil und ihrem Nationalstolz – genau in dieser Reihenfolge – Versprechungen macht. Geistesgeschichtliche Dispositionen mögen eine

Rolle spielen; sie sind aber schnell austauschbar. Oskars Vater Alfred Matzerath ist sehr gern und schnell bereit, den Platz des Beethoven-Bildes über dem Klavier Hitlers Porträt zuzugestehen. Man mag sich erinnern: Adrian Leverkühn will nicht nur das »Edel sei der Mensch, hilfreich und gut« zurücknehmen, er will auch Beethovens neunte Symphonie zurücknehmen. Alfred Matzerath schafft nur ein neues Arrangement.

»Sonst änderte sich nicht viel. Über dem Piano wurde das Bild des finsteren Beethoven, ein Geschenk Greffs, vom Nagel genommen und am selben Nagel der ähnlich finster blickende Hitler zur Ansicht gebracht. Matzerath, der für ernste Musik nichts übrig hatte, wollte den fast tauben Musiker ganz und gar verbannen. Mama jedoch, die die langsamen Sätze der Beethovensonaten sehr liebte, zwei oder drei noch langsamer als angegeben auf unserem Klavier eingeübt hatte und dann und wann dahintropfen ließ, bestand darauf, daß der Beethoven, wenn nicht über die Chaiselongue, dann übers Büfett käme. So kam es zu jener finstersten aller Konfrontationen: Hitler und das Genie hingen sich gegenüber, blickten sich an, durchschauten sich und konnten dennoch aneinander nicht froh werden.«

Die finsterste aller Konstellationen. Günter Grass macht deutlich, wozu der Kleinbürger, der im Roman den Namen Alfred Matzerath trägt, fähig ist. Er kann sich der deutschen Klassik, er kann sich der Beethovenschen Symphonien erfreuen, er kann Mozart auf dem Klavier spielen und dennoch die Hand zum Hitlergruß erheben. Alfred Matzerath hätte im Übrigen bereitwillig Beethoven gegen Hitler ausgetauscht. Mama Agnes sorgt dafür, dass Beethoven nicht ganz aufgegeben wird. So kommt es zu der »finsteren« Konfrontation. Sie ist in der Tat finster. Über

dem Piano, über das eigentlich das Porträt eines Kompo-
nisten gehört, hängt das Bild Hitlers. Man wird Beethovens Sonaten, auch ihre langsamen Sätze, nicht mehr
spielen können, ohne mit Hitler konfrontiert zu sein. Ob
Beethoven über dem Büfett noch etwas wird ausrichten
können?

Dabei ist Alfred Matzeraths Parteinahme für Hitler keineswegs politisch bedingt. Es ist vor allem der Wunsch,
nicht abseits zu stehen, der ihn die braune Uniform anzie-
hen lässt. Darüber hinaus fühlt er sich in der Wohnung im
Labesweg trotz seiner Kochkünste oft überflüssig. Agnes
hat ihn, den Reichsdeutschen, zwar geheiratet – von Liebe
ist dabei kaum die Rede – , lässt aber von ihrem Geliebten
Jan Bronski, dem Polen, nicht ab. Wenn es denn ein
Liebesleben in der Wohnung des Kolonialwarenhändlers
im Labesweg gibt, dann zwischen Agnes und Jan. Und da
gibt es ja auch noch den schnellen Sex in der billigen
Pension in der Tischlergasse. Alfred ist überflüssig, flüchtet sich zunächst an den Kochtopf und dann in die braune
Uniform. Hinzu kommt, dass er schon immer – auch um
nicht aufzufallen – ein Mitläufer war. An der Hafenmole
bei Neufahrwasser etwa, als die Aale gefangen sind, winkt
er Matrosen zu, nur weil diese ein vorbeifahrendes finni-
sches Handelsschiff grüßen. Oskar scheint das nicht zu
verstehen und weiß es doch genau zu diagnostizieren.

»Warum aber Matzerath winkte und solch einen Blöd-
sinn wie ›Schiff ahoi!‹ brüllte, blieb mir schleierhaft. Denn
er verstand als gebürtiger Rheinländer überhaupt nichts
von der Marine, und Finnen kannte er keinen einzigen.
Aber das war so seine Angewohnheit, immer zu winken,
wenn andere winkten, immer zu schreien, zu lachen und
zu klatschen, wenn andere schrien, lachten oder klatsch-
ten. Deshalb ist er auch verhältnismäßig früh in die Partei

eingetreten, als das noch gar nicht nötig war, nichts ein-
brachte und nur seine Sonntagvormittage beanspruchte.«

Diese Sonntagvormittage wird Jan Bronski ausnutzen,
nachdem Alfred Matzerath nach und nach in die braune
Uniform geschlüpft ist. In die braune Uniform ist er in
vergleichbarer Weise geschlüpft, in der Hitler nach und
nach ab 1922 seine SA uniformierte.

»Nach und nach kaufte sich Matzerath die Uniform zu-
sammen. Wenn ich mich recht erinnere, begann er mit der
Parteimütze, die er gerne, auch bei sonnigem Wetter, mit
unterm Kinn scheuerndem Sturmriemen trug. Eine
Zeitlang zog er weiße Oberhemden mit schwarzer
Krawatte zu dieser Mütze an oder eine Windjacke mit
Armbinde. Als er das erste braune Hemd kaufte, wollte er
eine Woche später auch die kackbraunen Reithosen und
Stiefel erstehen. Mama war dagegen, und es dauerte aber-
mals Wochen, bis Matzerath endgültig in Kluft war.«

Schon früh hat Alfred Matzerath das Parteiabzeichen,
unzeitgemäß früh, wie Oskar meint. Alfred ist eben einer
derjenigen, die nicht abseits stehen wollen oder können.
Uniformiert kann er in der Masse verschwinden und zugleich dazuzehören. Ebenso das Parteiabzeichen. Aber es
soll ihm zum Verhängnis werden. Oskar wird dafür sor-
gen, dass Alfred am Parteiabzeichen stirbt.

Der Mitläufer Alfred Matzerath. Welche anderen
Gründe gab es, in die Partei einzutreten, wenn man nicht
überzeugt war oder sich überzeugen ließ wie der Trompeter Meyn. Da sind die Schefflers, vor allem die kinderlo-
se Ehefrau. Es hängt etwas von Langeweile in den bieder-
meierlichen Räumen. Man liest lange nicht mehr, die
stattlichen Bände der Buchgemeinschaft »sind an Leute
verschenkt, die noch lesen«. Freilich, einige Bücher sind
geblieben: Felix Dahns KAMPF UM ROM, Gustav Freytags

SOLL UND HABEN, Goethes WAHLVERWANDTSCHAFTEN und der reich bebilderte Band über Rasputin und die Frauen. Aber Gretchen liest nicht mehr. Sie strickt und sammelt »Babykram«, und das in einer Wohnung, deren Inventar Oskar beleidigt.

»Diese Zierdeckchen, wappenbestickten Kissen, in Sofaecken lauernden Käthe-Kruse-Puppen, Stofftiere, wohin man auch trat, Porzellan, das nach einem Elefanten verlangte, Reiseandenken in jeder Blickrichtung, ange-fangenes Gehäkeltes, Gestricktes, Besticktes, Geflochte-nes, Geknotetes, Geklöppeltes und mit Mausezähnchen Umrandetes.«

Für die kinderlosen Schefflers ist die »Bewegung« in der Tat eine Bewegung. Im Winterhilfswerk kann sich Gretchen endlich engagieren. »Keiner soll hungern, kei-ner soll frieren, hieß es.« Der Bäckermeister und seine Frau gewinnen »Kraft durch Freude« auf den Reisen, die sie Jahr für Jahr mit der Organisation machen, bis sie auf einer der Reisen umkommen.

Da ist noch Greff, der Gemüsehändler, der, ähnlich wie Matzerath, wenig Interesse an seinem Geschäft hat. Auch er versucht sich mit dem Regime zu arrangieren. Dies scheint ihm notwendig bei seiner »Liebe zu schmalen, möglichst großäugigen, wenn auch bleichen Knaben«, einer Liebe, die er schon als Pfadfinder auch nur versteckt leben konnte. Aber das Arrangement ist gefährlich, wenn da jemand ist wie der Trompeter und SA-Mann Meyn, der einiges über Greffs Umgang mit Knaben zu wissen meint. Greff kommt der Ladung zur Sittenpolizei zuvor, indem er sich in seinem Keller erhängt.

»Greff hing in der Uniform eines Pfadfinderführers. Er hatte an seinem letzten Tag wieder in die Uniform der Vorkriegsjahre zurückgefunden. Sie war ihm eng geworden. Die beiden obersten Knöpfe und den Gurt hatte er nicht schließen können, was seiner sonst adretten Aufmachung einen peinlichen Beigeschmack gab.«

Da ist der Trompeter Meyn. Er ist Musiker wie Oskar. Oskar steigt die beschwerlichen Treppen zu ihm hoch, weil Meyn »betrunken und auf dem Trockenboden zwischen den Bettlaken liegend [...] unerhört musikalisch in seine Trompete hauchen« und Oskars Trommel Vergnügen bereiten konnte. Meyn in seine Trompete hauchend, Oskar auf seiner Trommel wirbelnd: ein mögliches künstlerisches Duo gegen den Faschismus. Aber der Künstler Meyn versetzt den Künstler Oskar.

»Im Mai achtunddreißig gab er den Machandel auf, verriet allen Leuten: ›Jetzt fängt ein neues Leben an!‹ Er wurde Mitglied im Musikkorps der Reiter-SA. Gestiefelt und mit geledertem Gesäß, stocknüchtern sah ich ihn fortan auf der Treppe fünf Stufen auf einmal nehmen.«

Auch die gab es, die vom Nationalsozialismus »ein neues Leben«, ein Leben in Zucht und Ordnung nicht nur erwarteten, sondern es selbst praktizierten.

Und da ist noch Bebra. In einem Fronttheater spielt er. Er reüssiert als Liliputaner, der genau weiß, dass er, wenn er sich nicht anpasst und seine Fähigkeiten und sein Theater nicht in den Dienst der Nationalsozialisten stellt, der Euthanasie zum Opfer fallen wird. Bebra hat ein zweifelhaftes Glück. Weil er sich anpasst, stirbt er nicht in den Gaskammern der Nazis. Er stellt sich auf die Seite der vermeintlichen Sieger und kann ihren Untergang überleben. Ein Mitläufer auch er, der zum Mitläufer freilich aus der Not zur Selbsterhaltung wird.

Aber Bebra ist nicht Mitläufer wie Alfred Matzerath. Er durchschaut die politische Situation sehr genau. Als Lankes ihm den Titel seines Beton-Kunstwerks nennt:

»mystisch, barbarisch, gelangweilt«, weiß Bebra hellsichtig zu kommentieren: »Damit dürften Sie unserem Jahrhundert den Namen gegeben haben.« Bebra durchschaut ja nicht nur die politische Situation, er weiß ja auch um die »Morde« Oskars. Trotz seiner genauen Voraussicht passt er sich an, macht er mit und kann im fernen schönen Paris für den Führer, dem er insgeheim spottet, Zuliefererdienste leisten.

Bebra wird gelegentlich in Kommentaren zur BLECHTROMMEL als Prototyp des Intellektuellen, des Künstlers verstanden, der in die innere Emigration gegangen ist. Oskar weiß, was damit gemeint ist. »Man soll den Widerstand sogar verinnerlichen können, das nennt man dann: ›Innere Emigration‹.« Dass Günter Grass diesen Weg für verwerflich hält, ist bekannt. Denn: »Wer schweigt, wird schuldig.« Aber die Gleichstellung Bebras mit den Künstlern, die im Dritten Reich in die innere Emigration gegangen sind, ist problematisch. Denn Bebra bleibt ja keine andere Wahl, will er nicht der Euthanasie zum Opfer fallen. Auch Bebra gehört als Liliputaner zu den »Untermenschen«, wie Oskar zu ihnen gehört. Er weiß, die Situation genau durchschauend, wie als »Untermensch« im Dritten Reich allein zu überleben ist.

»Mir fast ins Ohr kriechend, flüsterte er und machte uralte Augen: ›Sie kommen! Sie werden die Festplätze besetzen! Sie werden Fackelzüge veranstalten! Sie werden Tribünen bauen, Tribünen bevölkern und von Tribünen herunter unseren Untergang predigen. Geben Sie acht, junger Freund, was sich auf den Tribünen ereignen wird! Versuchen Sie immer, auf der Tribüne zu sitzen und niemals vor der Tribüne zu stehen.‹«

Oskar wird weder auf der Tribüne sitzen noch vor der Tribüne stehen. Er wird hinter beziehungsweise unter der

Tribüne den Vierertakt der Marsches in den Dreiertakt des Walzers umtrommeln.

Bebra wird um des Überlebens willen mit auf der Tribüne sein. Er wird es verstehen, aus dieser seiner Position Kapital zu schlagen. Das wird nach dem Krieg nicht anders sein als während des Krieges. Bebra wird nach 1945 ebenso Erfolg haben wie zu Zeiten der Nazis. Und das in einem vergleichbaren Beruf. Er wird Impresario und organisiert Oskars Tourneen. Das heißt auch: Oskar ist während des Krieges und nach dem Krieg zumindest finanziell von Bebra abhängig. Bebras Tod lässt Oskar unberührt, auch wenn er seine Trommel längere Zeit nicht anrührt. Immerhin erbt er das Brustbild von Roswitha und ein paar tausend Mark. Das Schicksal des Liliputaners interessiert ihn nicht.

Der Faschismus ist auch nach dem Krieg noch gegenwärtig, die Trommelei unter der Tribüne aber ist längst vergessen. Und wenn Oskar die Trommel in der Heil- und Pflegeanstalt wieder in die Hand nimmt, um trommelnd in Erinnerung zu rufen, dass der Faschismus zu Deutschlands Geschichte gehört, wird er von seinem Pfleger Bruno Münsterberg zur Ordnung gerufen:

»›Aber Herr Matzerath‹, ermahnt er mich, ›wenn Sie weiterhin so laut trommeln, wird man woanders hören, daß da viel zu laut getrommelt wird. Wollen Sie nicht pausieren oder etwas leiser trommeln?‹«

Leiser trommelt Oskar dann, wenngleich das Thema »nach einem brüllenden, ausgehungerten Orchester schreit«. Leiser trommelt er dann vom Weihnachtsmann Hitler, der in Wirklichkeit der Gasmann ist; leiser trommelt er dann vom SA-Mann Meyn, der ganz wunderschön Trompete blasen konnte; leiser trommelt er dann vom Tod des jüdischen Spielzeughändlers Sigismund Markus.

Was die Kleinbürger und Mitläufer nicht wissen woll-
ten: Mit ihrem Mitläufertum, mit ihrem uniformierten
Verhalten vor der Tribüne machten sie nicht nur Politik,
sie gaben der faschistischen Ideologie die zu ihrer politischen Durchsetzung notwendige Basis der Masse, sie ver-
halfen ihr zum Völkermord. Günter Grass spricht in der
BLECHTROMMEL nicht von Auschwitz, aber er spricht vom
Gasmann, der als Weihnachtsmann auftritt.

»Ein ganzes leichtgläubiges Volk glaubte an den Weihnachtsmann. Aber der Weihnachtsmann war in Wirklichkeit der Gasmann.« Die Rede von Hitler als Weihnachtsmann ist einigermaßen überraschend. Aber Oskar kennt
sich aus. Soll doch Goebbels bei einer Weihnachtsbe-
scherung durch Hitler gesagt haben: »Wenn ich in all diese strahlenden Kinderaugen blicke, so muß ich sagen:
Mein Führer! Sie sind der größte Weihnachtsmann aller
Zeiten!« Sicherlich hat Goebbels die unfreiwillige Ironie
seiner pathetischen Lobesworte nicht bedacht. Der »größte Weihnachtsmann aller Zeiten« wollte ja auch der größte Feldherr aller Zeiten sein. Für Oskar – und nicht nur für
ihn – wird er zum größten Brandstifter und zum größten
Gasmann aller Zeiten.

Nicht die geistesgeschichtliche Konstellation, nicht die
ideologische Überzeugung half Hitler an die Macht, sondern der Opportunismus der Kleinbürger alias Alfred
Matzerath und die Furcht der Außenseiter oder derer, die
sich als Untermenschen fühlten und denen sich, wie im
Falle Bebras, die Möglichkeit bot, sich im Dienst der na-
tionalsozialistisch Herrschenden als Übermenschen fühlen
zu können. Soll man Bebra deshalb verurteilen? Allenfalls
wäre Alfred Matzerath zu verurteilen, der Kleinbürger,
der sich unpolitisch gibt und der, in Uniform vor der
Tribüne, doch Politik macht, indem er mitmacht. Und

zwar eine Politik, der Menschen wie Bebra nur durch eine Position auf der Tribüne entgehen können. Aber ist nicht auch Alfred Matzerath zu entschuldigen? Immerhin muss er um sein Geschäft bemüht sein. Nur: so geht es eben. Die Mitläufer sind nicht schuldig, aber sie machen sich mitschuldig.

Günter Grass schreibt nicht mit dem moralischen Zeigefinger. Er schreibt nur auf, was an moralischem Einverständnis in Deutschland möglich war, um Hitler an die Macht kommen zu lassen. Die kleinen Geschäftsleute alias Alfred Matzerath und die in Plüsch und Käthe-Kruse-Puppen erstickenden Bäckersleute alias Schefflers gab es überall. Darüber hinaus fand der latente Hass auf alles Nicht-Deutsche endlich ein politisch legitimiertes Ventil. Scheffler und der Trompeter und SA-Mann Meyn sind es, die Sigismund Markus, weil er Jude ist, nicht bei Agnes' Beerdigung dulden. Die Mitläufer alias Greff und Bebra arrangieren sich mit der Macht um des eigenen Überlebens willen. Der trommelnde Oskar hat unter der Tribüne eine eher kabarettistische Chance. Im bundesrepublikanischen Deutschland wird ihm das Trommeln von seinem Pfleger zwar nicht verboten, es wird ihm aber sehr eindringlich nahe gelegt, in Rücksicht auf die bundesrepublikanische Geschichte etwas zurückhaltender zu trommeln.

Günter Grass hat mit seinem Roman 1959 wenig rücksichtsvoll getrommelt. Die Reaktionen machen es deutlich. Sie zeigen eher Empörung – politische wie moralische – als Einverständnis oder Eingeständnis.

Blechtrommel und Karfreitagskost

Die Dinge: Blechtrommel, Trommelstöcke, Aale, die vier Röcke der Großmutter Bronski, Falter und Glühbirne, das Skatspiel, das Kartenhaus und der Beton, der Bunker, Glas und Fensterscheiben, das weiß lackierte Bett, die Schränke, Brausepulver, der Kokosläufer, Särge, Feuersteine und Grabsteine …, die Situationen: auf dem Floß, im Kleiderschrank, auf dem Kokosteppich, unter dem Tisch, hinter der Tribüne, auf der Bühne, im Keller (Oskars Sturz, der Selbstmord Greffs, im Zwiebelkeller) …, die Farben: rot und weiß, schwarz, kartoffelfarben, kackbraun …: Der Roman setzt sich wie ein Mosaik zusammen aus symbolisch verweisenden Einzelteilen.

Nun ist der Begriff Symbol für Günter Grass, und nicht nur für ihn, vorbelastet, und zwar durch Goethe, der in seinen Maximen und Reflexionen die seither gültige Definition gegeben hat. Goethe spricht vom Besonderen und vom Allgemeinen und von der Repräsentanz des Allgemeinen im Besonderen.

»Das ist die wahre Symbolik, wo das Besondere das Allgemeine repräsentiert, nicht als Traum und Schatten, sondern als lebendig augenblickliche Offenbarung des Unerforschlichen.«

So wird das Besondere, das Einzelne zum Bild, zum Gleichnis für ein Allgemeines, auf das es verweist. Auch die Schlussworte des Faust »Alles Vergängliche ist nur ein Gleichnis« zeugen von diesem Verständnis, das Einzelne, konkret Erfahrbare als ein Bild, ein Gleichnis oder – um es mit dem ästhetischen Terminus technicus zu sagen – als ein Symbol aufzufassen. Mit solcher Art Ästhetik weiß Günter Grass sich nicht mehr zu verständigen, setzt sie doch ein Weltverständnis voraus, das in bzw. hinter den zufälligen Erscheinungen etwas Geordnetes, Sinnvolles erkennen will.

Auch der vielleicht näher liegende Begriff der Allegorie greift bei Günter Grass nicht, und das nicht nur, weil wiederum Goethe hier die Merkzeichen gesetzt hat: »Es ist ein großer Unterschied«, so in den MAXIMEN UND REFLEXIONEN, »ob der Dichter zum Allgemeinen das Besondere sucht oder im Besondern das Allgemeine schaut. Aus jener Art entsteht Allegorie, wo das Besondere nur als Beispiel, als Exempel des Allgemeinen gilt.« Die Allegorie also verdeutlicht im Exempel bzw. im Bild etwas Allgemeines, einen Begriff oder eine Idee. Auch darauf kann es Günter Grass nicht abgesehen haben.

Dennoch ist nicht von der Hand zu weisen, dass die konkreten Dinge, die in der BLECHTROMMEL benannt und immer wieder vor Augen gestellt werden, dass die immer wiederkehrenden gleichen Farben (nicht zufällig betont Günter Grass gleich zu Anfang des Romans die Farbgebung der Röcke der Großmutter), dass die Situationen, in

Symbol

Das Symbol (griechisch »symballein«: zusammenhalten) war ursprünglich ein Erkennungszeichen in Form eines in zwei Hälften gebrochenen Stäbchens. Bei einer Trennung gaben sich Vertragspartner oder Freunde die jeweiligen Hälften. Wollte der eine Partner dem anderen eine wichtige Botschaft übermitteln, gab er dem Boten die eigene Hälfte des Stäbchens mit. Zusammengehalten mit der anderen Hälfte war es ein Beglaubigungsausweis. Im ästhetischen Bereich gilt ein Symbol (ein Gegenstand oder ein Vorgang) als Zeichen, das über seine sinnliche Erscheinung hinaus auf einen höheren bzw. allgemeineren Bereich verweist.

denen sich Oskar befindet oder in die er sich hinein-
wünscht, nicht für sich stehen, nicht ohne Bedeutung für
den Kontext der erzählten Geschichte sind, dass sie mit-
hin Verweisungscharakter haben. Die Frage ist nur, auf
was sie denn verweisen. Auf ein Allgemeines wohl kaum,
und Exempel für ein Allgemeines dürften sie auch nicht
sein.

Aale verweisen nun einmal auf Sexualität, ebenso
Trommelstöcke, denn beide können zumindest an den
Phallus denken lassen. Und das weiß lackierte Bett der
Heil- und Pflegeanstalt verweist auf Oskars Wunsch zur
Rückkehr in die embryonale Kopflage. Die Farbe Weiß
lässt Unschuld assoziieren, die Farbe Schwarz den Tod.
Auch Günter Grass kann und will sich nicht der Tradition
allegorischer Symbolik entziehen. Im Gegenteil: Er nutzt
sie souverän, um allerdings anders mit ihr zu verfahren.

Er umgeht sie teilweise, um sie dann doch zu zitieren.
Nehmen wir als Beispiel die Aale. In keinem Lexikon der
traditionellen Symbolik finden wir Aale verzeichnet.
Wohl gibt es, vor allem in christlicher Symbolik, die
Schlange, von der wir lesen können: »Wegen ihrer Rolle
beim Sündenfall überwiegend als Symbol des Teufels aufgefasst, als Hinweis auf Sünde und Laster.«

Nun: die Sünde des Sündenfalls. Es heißt zwar, dass
Adam und Eva von der Schlange verführt und das Verbot
Gottes missachtend vom Baum der Erkenntnis aßen, um
sein zu wollen wie Gott, die Väterexegese hat aber daraus
die »Sünde« des Geschlechtsverkehrs gemacht. Seither
gilt die Schlange auch als Sexualsymbol. Günter Grass
konnte im Danzig seiner BLECHTROMMEL schlecht Schlan-
gen aufzüngeln lassen; aber Aale als symbolträchtiger
Schlangenersatz? Das lag angesichts der Hafenmole von
Neufahrwasser nahe.

Es lässt überdies so manche christliche Symbol-Asso-
ziation zu. Dass Agnes, das Lamm – der Name soll ja auf
Christus, das Agnus Dei, verweisen –, ausgerechnet am
Fisch stirbt, passt nur zu gut in diesen Zusammenhang.
Denn das Zeichen des Fisches war das geheime Erken-
nungszeichen der Urchristen und verwies eindeutig auf
die Person, der sie sich zugehörig wussten: Christus. Den
griechischen Namen des Fisches, »ICHTHYS«, lasen die
Gelehrten des 17. Jahrhunderts als Akrostichon: »JESUS
CHRISTOS THEOU YIOS SOTER« (= Jesus Christus, Sohn
Gottes, Heiland).

Noch einmal: Am Fisch wird Agnes, das Lamm Gottes,
sterben. Die Aale ergeben einen symbolisch verweisenden
Zusammenhang verschiedener Verknüpfungen, der allerdings nur im Kontext des Romans von Bedeutung ist.
Hier aber ist er stimmig. Wenn wir versuchen, diese sym-
bolischen Verweise zu deuten, so könnten wir die Geschichte der Agnes Matzerath, geborene Bronski bzw.
Koljaiczek, so lesen: Von einem Brandstifter gezeugt, dem
das Wasser zum tödlichen Verhängnis wird, von der Mutter Bronski, der Mutter Erde, geboren und geschützt, gerät sie als Opferlamm in die Fänge der Aale Alfred Matzerath und Jan Bronski und stirbt an dem, was sie selbst
sein sollte: »ICHTHYS«, Fisch und Lamm Gottes. Ihr
Opfertod aber wird – im Gegensatz zum Opfertod Christi
am Kreuze – nicht erlösen können.

Dass Agnes den »Aalen« Jan Bronski und Alfred
Matzerath zum Opfer fällt, macht das Kapitel »Karfreitagskost« deutlich. Vordergründig scheint nur erzählt zu
werden, wie ein Stauer auf unappetitliche Weise Aale
fängt. »Mama drehte sich nicht rechtzeitig weg – breitar-
mig griff er in die aufblubbernde Bucht zwischen dem
Granit, suchte, faßte etwas, faßte nach, zog und schleuder-

te, laut Platz fordernd, etwas triefend Schweres, einen sprühend lebendigen Brocken zwischen uns: einen Pferdekopf, einen frischen, wie echten Pferdekopf, den Kopf eines schwarzen Pferdes, einen schwarzmähnigen Rappenkopf also, der gestern noch, vorgestern noch gewiehert haben mochte; denn faul war der Kopf nicht, stank nicht, höchstens nach Mottlauwasser; aber danach roch alles auf der Mole.

Schon stand der mit der Stauermütze – die saß ihm jetzt im Nacken – breitbeinig über dem Stück Gaul, aus dem sich wütend hellgrün kleine Aale schleuderten. Der Mann hatte Mühe, sie zu fangen; denn Aale bewegen sich auf glatten, dazu noch feuchten Steinen schnell und geschickt.«

»Mama drehte sich nicht rechtzeitig weg«, und Agnes muss zusehen, wie der Stauer »mit beiden Händen hineingriff in den Rachen des Gaules und gleich zwei auf einmal herausholte, die mindestens armdick waren und armlang«. Was kommt, ist ihr Sterben am Fisch. Oskar trommelt zwar, kann aber den Tod seiner Mama nicht verhindern.

Die Situation, die Agnes »auseinanderreißt«, ist bezeichnend. Zwei armdicke und armlange Aale im Pferdegebiss – es ist Agnes' Situation: Jan Bronski und Alfred Matzerath in ihrem Schoß. Daran muss Agnes sterben, so sehr auch Oskar dagegen antrommelt. Aber Oskar trommelt ja nicht gegen Alfred und Jan an, er trommelt gegen die weißen Möwen an, ein unsinniges Trommeln; denn »es half nichts, das machte die Möwen höchstens noch weißer«. Wenn aber in Zukunft in der BLECHTROMMEL von Aalen und Fisch gesprochen wird, ist immer das Dreiecksverhältnis zwischen Alfred, Agnes und Jan Bronski angesprochen.

Wenn auch nicht Symbole im tradierten Sinn, die Aale verweisen seit dem Ausflug an die Hafenmole auf Sexualität. In alles, was Oskar von nun an mit Sexualität verbinden wird, schleichen sich die Aale ein. Dies kann beispielsweise die Szene belegen, in der Oskar sich im Schrank seiner Düsseldorfer Zimmernachbarin, der Schwester Dorothea, findet.

»Ich sah einen schwarzen Lackgürtel, sah aber sogleich mehr als den Lackgürtel, weil es im Kasten so grau war, daß mein Lackgürtel nicht nur ein solcher sein mußte. Genau so hätte es auch etwas anderes bedeuten können, etwas genauso Glattes, Gestrecktes, das ich als unentwegt dreijähriger Blechtrommler auf der Hafenmole zu Neufahrwasser gesehen hatte: meine arme Mama im marineblauen Frühjahrsmantel mit den himbeerfarbenen Aufschlägen, Matzerath im Paletot, Jan Bronski mit Sammetkragen, an Oskars Matrosenmütze das Band mit goldgestickter Inschrift ›SMS Seydlitz‹ gehörten mit zur Partie, und Paletot und Sammetkragen sprangen vor mir und Mama, die wegen ihrer Stöckelschuhe nicht springen konnte, von Stein zu Stein bis zum Seezeichen, unter dem der Angler saß mit der Wäscheleine und dem Kartoffelsack voller Salz und Bewegung.«

Gesprungen war schon Koljaiczek auf dem Kartoffelacker im Kaschubischen, während Großmutter Bronski in Ruhe auf dem Acker saß. Das Springen gehört zu den Männern, zu den Aalen, zum Phallischen. Der Lackgürtel, der Oskar an die Aale an der Hafenmole in Neufahrwasser erinnert, verleitet ihn dazu, im Schrank der Krankenschwester Dorothea zu onanieren.

Die Aale sind aber nicht nur Sexualsymbole; sie deuten, sieht man auf die Situation mit dem Aale fangenden Stauer an der Hafenmole und dem daraus resultierenden

Tod der Mama Agnes, zugleich auf Tod und damit auf den Zusammenhang von Sexualität und Tod. Dieser Zusammenhang, einmal durch die Geschichte der Agnes hergestellt, wird dann in vergleichbarer Konstellation immer wieder angesprochen. Oskar verführt Maria mit Brausepulver. Am Brösener Strand ziehen sich beide in einer Zelle um, »warm, trocken, von einer natürlich weißbläulichen Farbe«. Als Oskar Marias behaartes Dreieck sieht, hält es ihn nicht mehr.

»Oskar sprang auf, warf sich Maria zu. Die fing ihn auf mit ihren Haaren. Er ließ sich das Gesicht zuwachsen. Zwischen die Lippen wuchs es ihm. Maria lachte und wollte ihn wegziehen. Ich aber zog immer mehr von ihr in mich hinein, kam dem Vanillegeruch auf die Spur. Maria lachte immer noch. Sie ließ mich sogar bei ihrer Vanille, das schien ihr Spaß zu machen, denn das Lachen gab sie nicht auf. Erst als mir die Beine wegrutschten und ihr mein Wegrutschen Schmerzen bereitete – denn die Haare ließ ich nicht los, oder die ließen mich nicht –, erst als mir die Vanille Tränen in die Augen preßte, als ich schon Pfifferlinge oder sonst was Strenges, nur keine Vanille mehr schmeckte, als dieser Erdgeruch, den Maria hinter der Vanille verbarg, mir den modernden Jan Bronski auf die Stirn nagelte und mich für alle Zeiten mit dem Geschmack der Vergänglichkeit verseuchte, da ließ ich los.«

Der Geschmack der Vergänglichkeit, der Erdgeruch ist hinter dem behaarten Dreieck zu spüren. Die Vanille täuscht. In genauer Abfolge geht es von der Vanille der Maria über den Erdgeruch der Großmutter Bronski zum modernden Jan Bronski. Überraschend ist in dieser Zusammenstellung der »Erdgeruch«, der an die Großmutter auf dem Kartoffelacker im Kaschubischen erinnern soll. Allerdings wird auch die Ruhe der großen Erdmutter auf dem kaschubischen Kartoffelacker durch Koljaiczeks sexuelle Begierde gestört. Hinzu kommt, dass für Oskar der von Anfang an ausgesprochene Wunsch, in die embryonale Kopflage – also in den Mutterschoß – zurückzukehren, dass seine Zuflucht unter die Röcke der Großmutter gleichzusetzen ist mit dem Geschlechtsakt, der auch des Öfteren als Rückkehr des Männlichen in den weiblichen Schoß gedeutet wird.

Den Aalen als Sexualsymbolen korrespondieren die Trommelstöcke, wenngleich es Unterschiede gibt: Die Aale sind beweglich und glitschig, die Trommelstöcke steif und kommen erst durch Oskar in Bewegung. Oskar wird mit seinen Trommelstöcken nicht nur gegen Faschismus und kleinbürgerlichen Mief antrommeln, seine Stöcke wird er auch benutzen, um auf Matzeraths Rücken gegen das »Weg, geh weg« der Maria anzutrommeln, um so mit Hilfe seines Vaters seinen Sohn Kurt zu zeugen. Als sich Oskar das erste Mal seiner Geschlechtlichkeit bewusst wird, sind die Trommelstöcke dabei: »Eine halb komisch, halb schmerzhaft beginnende Versteifung meines Gieß-kännchens unter dem Badeanzug ließ mich Trommel und beide Trommelstöcke um des einen, mir neu gewachsenen Stockes willen vergessen.«

Schließlich spricht Oskar von seinem versteiften »Gieß-kännchen« als von seinem »dritten Trommelstock«. Alles, was in der Blechtrommel auf Sexualität verweist, verweist zugleich auf Oskars Wunsch zur Rückkehr in den Mutter-schoß.

Von den Trommelstöcken ausgehend, assoziiert Oskar, als er dreißig Jahre alt ist, in seinem Bett in der Heil- und Pflegeanstalt liegend und an Herbert Truczinskis vernarb-ten Rücken denkend eine ganze Reihe solcherart rückver-weisende »Dingsymbole«.

»Doch muß ich noch weiter zurückgreifen: Schon als Embryo, als Oskar noch gar nicht Oskar hieß, verhieß mir das Spiel mit meiner Nabelschnur nacheinander die Trommelstöcke, Herberts Narben, die gelegentlich aufbrechenden Krater jüngerer und älterer Frauen, schließlich den Ringfinger und immer wieder, vom Gießkännchen des Jesusknaben an, mein eigenes Geschlecht, das ich unentwegt, wie das launenhafte Denkmal meiner Ohnmacht und begrenzten Möglichkeiten bei mir trage.

Heute bin ich wieder bei den Trommelstöcken angelangt. An Narben, Weichteile, an meine eigene, nur noch dann und wann starktuende Ausrüstung erinnere ich mich allenfalls über den Umweg, den meine Trommel vorschreibt. Dreißig muß ich werden, um meinen dritten Geburtstag abermals feiern zu können. Sie werden es erraten haben: Oskars Ziel ist die Rückkehr zur Nabelschnur; alleine deshalb der ganze Aufwand und das Verweilen bei Herbert Truczinskis Narben.« Es gibt keine Symbole der traditionellen Art in der BLECHTROMMEL. Es gibt aber symbolische Verweise und Anspielungen. Im Kontext der Erzählung haben die Gegenstände und die Situationen symbolisch-verweisenden Charakter.

Das ist mit den Farben in der Blechtrommel nicht anders. Seine rückverweisenden Sexualphantasien pflegt Oskar im weiß lackierten Bett. Die Farbe ist die für ein Bett in einer Heilanstalt gängige. Dennoch ist sie im Kontext des Romans nicht zufällig. Auch die Badezelle, in der Oskar die Erfahrung seines dritten Trommelstockes macht, hat eine »weißbläuliche« Farbe. Weiß ist die Kleidung der Krankenschwester Dorothea, die Oskar auf dem Kokosläufer als Satan beglücken will, weiß sind die Möwen an der Hafenmole zu Neufahrwasser, die alles mitnehmen, auch was der Stauer da »braun und dick« ins

Wasser spuckt. Natürlich lässt die Farbe Weiß, folgt man der ikonographischen Tradition, an Unschuld und Kindheit denken. Das ist auch für die BLECHTROMMEL zunächst nicht von der Hand zu weisen.

Hinzu kommt, dass mit der Farbe Weiß die ihr entgegengesetzte Farbe, die Farbe Schwarz, ins Bild kommt. Die Schwarze Köchin wird im Laufe der Geschichte die weißen Krankenschwestern, die ja auch irgendwo Oskar zum Opfer fallen, ablösen. In Dorotheas Kleiderschrank behauptet sich zunächst das Weiß gegen das Schwarz, wenn auch schon durch die Möwen an der Hafenmole empfindlich in seiner Symbolkraft gestört.

»Eine Möwe nimmt alles mit, ist keine empfindliche Taube, schon gar keine Krankenschwester – es wäre auch allzu einfach, könnte man alles, was Weiß trägt, in einen Hut werfen, in einen Schrank stecken, dasselbe kann man von Schwarz sagen, denn damals fürchtete ich mich noch nicht vor der Schwarzen Köchin, saß furchtlos im Schrank und wiederum nicht im Schrank, stand ähnlich furchtlos bei Windstille auf der Hafenmole zu Neufahrwasser, hielt hier den Lackgürtel, dort etwas anderes, das auch schwarz und schlüpfrig und dennoch kein Gürtel war, suchte, weil ich im Schrank saß, nach einem Vergleich, denn Schränke zwingen dazu, nannte die Schwarze Köchin, doch ging mir das damals noch nicht unter die Haut.«

Später wird es Oskar unter die Haut gehen. Aber schon hier verbindet sich der Lackgürtel, der Oskar zum Onanieren veranlassen wird, mit den Aalen der Hafenmole, und beide verbinden sich mit der Farbe Schwarz. Die Farbe Schwarz wird die Farbe Weiß verdrängen, so wie die Schwarze Köchin die Krankenschwester verdrängen wird.

Vergleichbares gilt für die Farbe Braun. »Die Farbe muß ihr gestanden haben«, heißt es von den kartoffelfarbigen Röcken der Großmutter Bronski. Auch Alfred wird die Farbe stehen, wenn er sich nach und nach mit der braunen Uniform der Nazis versorgt. Aus dem »Kartoffelfarben« der Röcke wird das »Kackbraun« der Uniform. Unter dem Gesichtspunkt solcher Verwandlung haben die Farben nicht nur symbolisch anspielende Funktion, sie haben auch leitmotivische Funktion.

In vergleichbarer Weise wie die Farben wandelt sich ein weiteres Leitmotiv: das Glaszersingen Oskars. Oskar entdeckt diese seine Fähigkeit zum ersten Mal, als Vater Alfred Matzerath ihm seine Blechtrommel nach dem Kellersturz wegnehmen will. Er zersingt das honiggelbe Zifferblatt der Standuhr. Als Fräulein Spollenhauer sein Blech berühren will, zersingt er mit einem Doppelschrei ihre Brillengläser. Und auch Dr. Hollatz, der Arzt, der Oskar untersucht, muss, als er sich der Trommel bemächtigen will, mit der glaszerstörenden Stimme Oskars Bekanntschaft machen. Glaszersingen und Trommeln gehören zusammen. Das Zersingen des Glases rettet Oskar vor dem Verlust der Trommel. Damit aber ist die Funktion des Glaszersingens nicht erschöpft. Indem Oskar das Glas zersingt, kann er sich dem Zugriff der Erwachsenen entziehen. Er hält sie auf Distanz. Die gleiche Funktion, Distanz zu schaffen, hat neben anderen Funktionen auch die Blechtrommel.

Mehr noch: Wie Oskar mit der Blechtrommel antrommelt gegen die Verlogenheit der Erwachsenenwelt und gegen den aufkommenden Faschismus, so ist auch sein Glaszersingen ein unüberhörbarer, nun aber darüber hinaus noch zerstörender Protest. Dies wird am deutlichsten in der Szene auf dem Stockturm. Wie jeden Donnerstag Nachmittag ist Mama Agnes mit Jan Bronski in der billigen Absteige in der Tischlergasse. Oskar, bei Sigismund

Markus zurückgelassen, kann einen »versunkenen« Moment des Markus nutzen, hinaus in die Zeughauspassage und Richtung Stadttheater zu gehen. Schließlich erklettert er auf der Wendeltreppe den backsteingotischen Stockturm.

»Niemand wollte Oskar die Trommel nehmen, trotzdem schrie er. Nicht etwa, daß ihm eine Taube ihren Dreck auf die Trommel geworfen hätte. In der Nähe gab es zwar Grünspan auf Kupferplatten, aber kein Glas; Oskar schrie trotzdem. Die Tauben hatten rötlich blanke Augen, aber kein Glasauge äugte ihn an; dennoch schrie er. Wohin schrie er, welche Distanz lockte ihn?«

Oskar zersingt die Fenster des Theater-Foyers. Aber gemeint ist etwas ganz anderes. Als er zurückkommt in Sigismund Markus' Laden, sieht er, wie dieser Mama Agnes anfleht, mit ihm nach London zu emigrieren. Auch Klein-Oskar möchte er mitnehmen. Aber Mama will nicht, kann nicht – »wegen Bronski«. Bronski aber: das ist Polen. »Und ich suche das Land der Polen, das verloren ist, das noch nicht verloren ist.«

Mit dem Zersingen der Scheiben des Theater-Foyers hat Oskar noch etwas anderes in sich und mit seiner Stimme entdeckt.

»Es galt, den Erfolg zu bestätigen. Gleich einem modernen Kunstmaler produzierte ich mich, der seinen einmal gefundenen, seit Jahren gesuchten Stil zeitigt, indem er eine ganze Serie gleichgroßartiger, gleichkühner, gleichwertiger, oftmals gleichformatiger Fingerübungen seiner Manier der verblüfften Welt schenkt. Es gelang mir, innerhalb einer knappen Viertelstunde alle Fenster des Foyers und einen Teil der Türen zu entglasen.«

Oskar hat seine künstlerischen Fähigkeiten entdeckt, seinen Stil, seine Manier. Es braucht nur noch Bebra zu kommen mit der nicht alternden Schönen, und Oskar wird seinem künstlerischen Ehrgeiz erliegen und im Fronttheater seine Kunst im Dienste des Regimes ausüben.

Anders mit der Blechtrommel. Auch wenn Oskar sie gelegentlich beiseite legt, sein Trommeln wird nicht zu belanglosen ästhetischen Fingerübungen verkommen. Er braucht sie vor allem in der Heil- und Pflegeanstalt, um die Geschichte und die Geschichten seit der Zeugung seiner Mutter Agnes zurückzutrommeln. Die Trommel wird zum Mitautor seiner biografischen Aufzeichnungen.

»Hätte ich nicht meine Trommel, der bei geschicktem und geduldigem Gebrauch alles einfällt, was an Nebensächlichkeiten nötig ist, um die Hauptsache aufs Papier bringen zu können, und hätte ich nicht die Erlaubnis der Anstalt, drei bis vier Stunden täglich mein Blech sprechen zu lassen, wäre ich ein armer Mensch ohne nachweisliche Großeltern.«

Auch im Zwiebelkeller, wo Oskar mit Klepp und Scholle die Nachkriegsgesellschaft musikalisch unterhält, dient sie ihm der Erinnerung.

»Als Schmuh mich um den Einsatz meiner Blechtrommel bat, spielte ich nicht, was ich konnte, sondern was ich vom Herzen her wußte. Es gelang Oskar, einem einst dreijährigen Oskar die Knüppel in die Fäuste zu drücken. Alte Wege trommelte ich hin und zurück.«

Die Trommel wird seinen Protest gegen die Matzeraths und Schefflers laut werden lassen, sie wird aus dem Viervierteltakt des Marsches der SA den Dreivierteltakt des Wiener Walzers machen. Hier hätte die Blechtrommel in Versuchung kommen können, zu einem Instrument ästhetischer Belanglosigkeit zu degenerieren. Aber angesichts der kackbraunen Uniform seines vermeintlichen Vaters Alfred erliegt Oskar solcher Versuchung nicht.

Im Gegenteil: Seine Trommel, das heißt seine Kunst als Protest, wächst schließlich – so jedenfalls schätzt es Oskar ein – zu messianischer Größe. Allerdings ist Oskar selbstkritisch genug, den Protest mit der Kunst seiner Blechtrommel nicht zu sehr überzubewerten.

»Wir wollen noch einmal einen Blick unter Oskars Tribünen werfen. Hat Oskar denen etwas vorgetrommelt? Hat er, dem Rat seines Lehrers Bebra folgend, die Handlung an sich gerissen und das Volk vor der Tribüne zum Tanzen gebracht? Hat er dem so schlagfertigen und mit allen Wassern gewaschenen Gauschulungsleiter Löbsack das Konzert vermasselt? Hat er an einem Eintopfsonntag im August des Jahres fünfunddreißig zum ersten Mal und später noch einige Male bräunliche Kundgebungen auf einer zwar weißroten, dennoch nicht polnischen Blechtrommel wirbelnd aufgelöst? Das habe ich alles getan, werden Sie zugeben müssen. Bin ich, der Insasse einer Heil- und Pflegeanstalt, deshalb ein Widerstandskämpfer? Ich muß diese Frage verneinen und bitte auch Sie, die Sie nicht Insassen von Heil- und Pflegeanstalten sind, in mir nichts anderes als einen etwas eigenbrötlerischen Menschen zu sehen, der aus privaten, dazu ästhetischen Gründen, auch seines Lehrers Bebra Ermahnungen beherzigend, Farbe und Schnitt der Uniformen, Takt und Lautstärke der auf Tribünen üblichen Musik ablehnte und deshalb auf einem bloßen Kinderspielzeug einigen Protest zusammentrommelte.«

Nicht nur einigen Protest. Die Trommel schafft Distanz gegenüber der Erwachsenenwelt. Sie ist Oskars, des Dreijährigen Refugium. Mehr noch, Oskar identifiziert sich mit ihr, zumindest in seiner Existenz als Dreijähriger. Als nach Sigismund Markus' Tod keine Trommel mehr zu haben ist, versucht sich Oskar auf Konservendosen, Eimern und Waschschüsseln. Aber sie sind kein Ersatz. »Oskar war allein, verraten und verkauft. Wie sollte er auf die Dauer sein dreijähriges Gesicht bewahren können, wenn es ihm am Notwendigsten, an seiner Trommel fehlte?«

Die Trommel also gehört zur Gestalt des sich der Erwachsenenwelt Verweigernden, zur Perspektive dessen, der aus geschützter Position unter der Tribüne, unter dem Tisch oder im Schrank seine zugleich kindlichen und entlarvenden Blicke schweifen lässt. Deshalb ist es konsequent, dass er, als er sich auf Alfred Matzeraths Beerdigung entschließt zu wachsen, die Trommel mitsamt den Trommelstöcken ins Grab wirft.

Auch die Trommel verweist auf einen Bedeutungszusammenhang: auf Schreiben, Erinnern, Protest, auf Distanz-Schaffen und auf Refugium; sie verweist auf Oskar selbst als »Held« eines Schelmenromans. Darüber hinaus aber wird sie durch ihre Farbe mit anderen Motivkomplexen des Romans verknüpft. Von Anfang an betont Günter Grass das »weißrot Gelackte« der Blechtrommel. An Polen soll erinnert werden, denn die polnische Flagge hat die Farben Weiß und Rot. In die Polnische Post wird Oskar seine »sterbende« Kindertrommel bringen.

Rot und weiß: das erinnert auch daran, wie Oskar schreiben lernte, nicht nur bei Gretchen Scheffler, zunächst ja – wenn auch erfolglos – beim Gemüsehändler Greff mit dessen Preisschildchen.

»Kaum bemerkte er meinen Eintritt ins Geschäft, schrieb er weiter Preisschildchen, und ich griff mir, die günstige Gelegenheit der Preisschildchenschreiberei nutzend, drei, vier weiße Pappen, dazu einen Rotstift und versuchte eifrig tuend, die schon beschrifteten Schildchen, Sütterlin imitierend, als Vorlage zu benutzen und dadurch Greffs Aufmerksamkeit zu erregen.«

Erinnert wird auch an die Krankenschwestern, namentlich an Dorothea, die ihr Rotes-Kreuz-Abzeichen auf der weißen Bluse trägt. Noch einmal zitiert Günter Grass die Tradition der Farbsymbolik, wenn er mit Weiß Unschuld, mit Rot Leidenschaft assoziieren lässt. Schwester Inge:

»Nach Seife roch sie und müdemachenden Medikamenten. Wie oft kam es vor, daß mich Schlaf überwältigte, während sie meinen kleinen und, wie man meinen konnte, kranken Körper abhorchte: leichter, aus dem Faltenwurf weißer Stoffe geborener Schlaf, karbolverhüllter Schlaf, Schlaf ohne Traum; es sei denn, daß sich entfernt ihre Brosche vergrößerte zum, was weiß ich: Fahnenmeer, Alpenglühn, Klatschmohnfeld, bereit zur Revolte, gegen wen, was weiß ich: gegen Indianer, Kirschen, Nasenbluten, gegen die Kämme der Hähne, rote Blutkörperchen in Sammlung begriffen, bis ein die ganze Stadt bewohnendes Rot einer Leidenschaft Hintergrund bot.«

Aber auch hier kommt die Schwarze Köchin und schreckt Oskar. Die Todesfarbe Schwarz verdrängt das Rot und das Weiß.

Erinnert werden könnte zuletzt, wenn denn Oskar in die Reihe der tumben Toren seit dem Parzival zu stellen ist, an die drei Blutstropfen im Schnee in Wolfram von Eschenbachs Epos.

Nachwirkungen

Der Film

»Nun wird er verfilmt – und wird ein ganz neues, anderes Publikum anlocken, eine neue Generation seit Erscheinen 1959: dieser Gaurisanker von Roman (der in einer Gesamtauflage von knapp drei Millionen Exemplaren in zwanzig Sprachen übersetzt wurde), den Hans Magnus Enzensberger das Werk eines Prosaschriftstellers ersten Ranges nannte, der die Aufmerksamkeit des Auslands erstmals nach dem Krieg wieder auf die deutsche Literatur lenkte.«

Das schreibt Fritz J. Raddatz am 12. Januar 1979 in der ZEIT. Zwanzig Jahre sind nach der Erstveröffentlichung der BLECHTROMMEL vergangen. Der Roman ist längst – die Auflagen und die Übersetzungen belegen es – ein literarischer Bestseller und zur Weltliteratur geworden. Das heißt für Günter Grass aber nicht, dass der Film nicht eine erneute Herausforderung wäre. In einer Pressekonferenz vom 30. Juni 1978 in Berlin sagt Günter Grass, seinen Regisseur meinend:

»Es kommt auf den richtigen Partner an. Richtiger Partner heißt in dem Fall, derjenige, der mich mit Fragen provoziert, der nicht rhetorisch fragt, der auf die Sache eingeht und mich im Verlauf dieses Arbeitsprozesses gezwungen hat, mich wieder mit einem abgelegten Stoff zu befassen.«

Volker Schlöndorff hatte sich schon zuvor mit Literaturverfilmungen ausgewiesen: 1965 mit der Verfilmung von Robert Musils DER JUNGE TÖRLESS, 1975 mit der Verfilmung von Heinrich Bölls DIE VERLORENE EHRE DER KATHARINA BLUM. Bei der Lektüre der BLECHTROMMEL spürt er sehr bald: »Literatur hat hier eher quer gestanden zur Machbarkeit des Films.«

Schlöndorff schafft es, Günter Grass wieder mit dem »abgelegten« Stoff zu konfrontieren. Denn er will auch jetzt – wie schon vorher mit Heinrich Böll und Robert Musil – nicht irgendeine Literaturverfilmung schaffen. Er will im Falle der BLECHTROMMEL vor allem Authentizität. Und das heißt, er will sich wie Günter Grass ans Konkrete, beispielsweise an den Spielort Danzig-Langfuhr halten. Er will nicht irgendeinen »Bestseller aus der Rezeptküche« herstellen. Und:

»Für mich ist zunächst mal das Wichtigste und Ausschlaggebende die Hauptfigur, dieser Oskar Matzerath; ein Junge, der einfach nicht erwachsen werden will, der dem Traum der Kindheit nachhängt, der keine Verantwortung möchte, der sich der Gesellschaft verweigert – und das ist ja ein Motiv, das besonders aktuell ist heute. Der Junge verweigert sich, bis zum Wachstum, protestiert aber trotzdem, und zwar so lautstark und schrill, dass dabei Glas zu Bruch geht. Insofern ist dieser Oskar Matzerath eine Ausgeburt unseres Jahrhunderts und vielleicht auch unserer deutschen Geschichte.«

Damit entsprach Volker Schlöndorff den Intentionen von Grass. Er hatte schon früh ein Angebot für eine Verfilmung von einem amerikanischen Regisseur. Der allerdings fragt ihn: »Muss das unbedingt sein, dass dieser Junge mit drei Jahren sein Wachstum einstellt?« Günter Grass: »Ich habe ihn rausgeschmissen.«

Nicht nur, dass Volker Schlöndorff die unverzichtbare Bedeutung des dreijährigen Protagonisten erkennt, er erkennt 1979 auch die Aktualität der BLECHTROMMEL und ihres »Helden« Oskar Matzerath: die Verweigerung der Jugend und trotzdem der Protest. Das erforderte natürlich bei aller Authentizität und historischen Treue eine Verfilmung, die dieser Aktualität gerecht wird. Man kann es Schlöndorff danken, dass er nicht vordergründig aktualisiert. Das hätte Günter Grass wohl auch nicht mitgemacht. So aber gibt es eine produktive Zusammenarbeit.

Dabei weiß Grass natürlich, dass das Drehbuch Abweichungen vom Roman erfordert. Vieles, was im Roman indirekt angedeutet werden kann, ohne dass es ausdrücklich gesagt wird, muss der Film wegen seiner direkten Optik auch direkter ins Bild setzen – beispielsweise die Einsamkeit und Verzweiflung des jüdischen Spielzeughändlers Sigismund Markus. Der Film kann da nicht mit Anspielungen auskommen. Er braucht mehr. Schlöndorff überlegt nicht nur mit Grass, er überlegt auch mit seinen Schauspielern. Charles Aznavour, der Darsteller des Sigismund Markus, hat die entscheidende Idee:

»Wir überlegen, wo und wie Markus einen Moment für sich haben könnte. Aznavour meint, es sei wichtig, ihn einmal allein zu sehen. Vielleicht auf dem Friedhof, nachdem man ihn bei Agnes' Beerdigung als ›Itzich!‹ weggejagt hat. Er könnte abends allein zurückkommen an das Grab der Frau Agnes, die er verehrt hat, der er seidene Strümpfe geschenkt hat und ›die jetzt schon dort ist, wo alles so billig ist‹. Es erweist sich wieder, wie wichtig es ist, ein Drehbuch mindestens einmal mit den Augen des Darstellers einer jeden Rolle zu lesen.«

Schlöndorff las mit den Augen seiner Darsteller. Es gab bei einer so vielschichtigen Roman-Vorlage zu erwartende

Schwierigkeiten. Schwierig war beispielsweise die filmische Umsetzung der doppelten Erzählerposition. Günter Grass weiß wie Volker Schlöndorff, dass sie im Film nicht oder nur umständlich einzuhalten ist. »Das hieß: die Erzählerposition aufgeben. Es hätte sonst eine ständige Rückblende gegeben, umständlich und dreimal um die Ecke; was man mit einem Semikolon beim Schreiben machen kann, wird im Film umständlich.«

So wird auf die allwissende Erzählerposition verzichtet: Oskar erzählt nicht als Insasse einer Heil- und Pflegeanstalt, er erzählt als Kind. Dass der Film damit an artistischer Raffinesse verliert, steht außer Frage. Er wird direkter, die gebrochene Erzählperspektive ist nicht einzuhalten, vor allem nicht das satirische Erzählen des dreißigjährigen Oskar. Der Film betont die Perspektive des Kindes. Das Argument der umständlichen Rückblenden war nicht von der Hand zu weisen. Das war dann auch der Grund, weshalb der Film nur die ersten beiden Bücher der BLECHTROMMEL in Szene setzt, denn das dritte Buch besteht vornehmlich aus »Rückblenden«. Auch wenn seine Geschichte weitergeht, trommelt Oskar im dritten Buch vornehmlich in die Erinnerung zurück, was in den ersten beiden Büchern geschehen war.

Nicht zurücknehmen musste Volker Schlöndorff, dass sich der Roman – auch und gerade in den ersten beiden Büchern – aus Episoden zusammensetzt. Was Günter Grass im Sinne des Schelmenromans als Episoden vorstellt, kann Schlöndorff als eine Art »Nummernrevue« in den Film umsetzen. Und damit entspricht er nun doch einem erzählerischen Verfahren Günter Grass' in der BLECHTROMMEL: dem Erzählen in Episoden.

Freilich bereitete auch die Fülle der Episoden Schwierigkeiten. Der Film muss raffen, er muss zusammenfassen.

Und er muss – bei aller Verführung, die das bildhaft-sinnliche Beschreiben der einzelnen Episoden bietet – die Geschichte in den Vordergrund rücken. Günter Grass zu seiner Zusammenarbeit mit Volker Schlöndorff:

»Wir waren uns beide einig, dass man nicht die Fülle der einzelnen Kapitel und Szenen in den Film hineingeben kann. Nicht nur, weil es zu lang werden würde. Es gibt bestimmte Kapitel, die einfach rauszulösen waren, obwohl wir ungern auf sie verzichtet haben, zum Beispiel die Figur des Herbert Truczinski, der sich an der Galionsfigur aufspießt. Aber das war rauszulösen, ohne dass der Verlauf der Geschichte Schaden nehmen konnte.«

Schwierig war auch die Besetzung der Rolle des Oskar Matzerath. Schwierig nicht nur wegen eines geeigneten Schauspielers. Nein, schwierig, weil es für Volker Schlöndorff galt, »nicht einen Film mit einem Zwerg zu machen, weil sich dann jeder sagt, das sind Zwergenprobleme, das

Der Film

Gedreht 1978 in Zagreb, in der Normandie, in Gdansk und in Berlin.
Drehbuch: Jean-Claude Carrière, Franz Seitz, Volker Schlöndorff
Musik: Maurice Jarre
Kamera: Igor Luther
Produzent: Franz Seitz
Regie: Volker Schlöndorff
Darsteller: Oskar: David Bennent, Alfred Matzerath: Mario Adorf, Agnes: Angela Winkler, Jan Bronski: Daniel Olbrychski, Maria: Katharina Thalbach, Oma Anna Bronski: Berta Drews, Sigismund Markus: Charles Aznavour, Musiker Meyn: Otto Sander, Bebra: Fritz Hakl, Roswitha: Mariella Oliveri, Kurtchen: Oliver Petrich.

ist das Problem eines Zwerges, das interessiert mich
nicht.« Interesse aber wollte Schlöndorff auch 1979 noch
wecken, nicht nur für die BLECHTROMMEL als »histori-
schem« Roman, sondern für ihre Aktualität. Unverzicht-
bar war die Perspektive des Dreijährigen, der gegen die
Welt der Erwachsenen aus seiner Position unter dem Tisch,
im Schrank, unter der Tribüne antrommelt. Wie war diese
Perspektive herzustellen? »Die Perspektive des Kindes
kann man nicht dadurch herstellen, dass man die Kamera
auf neunzig Zentimeter Höhe einstellt.« Es galt weniger,
eine optische Perspektive zu schaffen, vielmehr eine »gei-
stige«, die der Einstellung des Oskar Matzerath entsprach.

Und es galt, einen Schauspieler zu finden, der nicht nur
äußerlich Oskar verkörpern konnte, sondern dieses »geis-
tige« Potenzial mitbrachte. David Bennent als Darsteller
des Oskar war in dieser Hinsicht ein Glücksfall. Ein Zwölf-
jähriger, ein Kind noch, aber mit einem reifen Gesichts-
ausdruck. Und mit einer »Stärke der Augen«, die Günter
Grass und Volker Schlöndorff überzeugte. Mit ihm ließ
sich ein Film machen, der ganz auf die Figur des Oskar
konzentriert war, kein hässlicher Zwerg, kein Gnom, wie
die Literaturkritik Oskar gelegentlich sehen wollte, sondern ein Kind, das sein Wachstum eingestellt hat, ein
Kind, das sich seine kindlichen Augen auch als erwachsen
Werdender bewahrt hat. Günter Grass hat David Bennent
in Gdansk kennen gelernt und war sofort mit ihm einver-
standen. David Bennent kann wie Oskar schockieren.

»Davids Schamlosigkeit der Kamera gegenüber ist
ganz ähnlich der Schamlosigkeit des Oskar Matzerath seinem Milieu gegenüber. Und deshalb schockiert David
auch. Er ist das Gegenteil von einem Kinderdarsteller, den
alle rührend finden. Er ist mitleidlos, ohne jede Anbie-
derung, ohne Sentimentalität.«

Und David Bennent weiß die Trommel zu schlagen, wie sie Oskar Matzerath schlug, auch wenn er nicht mehr die Rolle des Oskar zu spielen hat. Auch dann benutzt er die Trommel, wie sie Günter Grass für Oskar vorgesehen hat.

»Er kann sich augenblicklich aus der Rolle herauskatapultieren, haut auf seine Trommel nicht als Oskar Matzerath, sondern als David Bennent, weckt das ganze Team auf; plötzlich sind alle wieder ernüchtert und aufmerksam. Er benutzt die Trommel buchstäblich, um Distanz zwischen sich, David Bennent, den Oskar Matzerath und uns – die Zuschauer und das Filmteam – zu bringen. Die Trommel ist für ihn das Bindeglied zwischen Oskar Matzerath und ihm selbst. Er benutzt sie ähnlich wie Grass seine Schreibmaschine oder wie Oskar seine Trommel. Sie ist Bindeglied, und sie ist gleichzeitig Schutzschild.«

»Der Film darf nicht inszenierte Literatur werden«, schreibt Volker Schlöndorff in seinem Tagebuch zur BLECHTROMMEL. Sein Film wird inszenierte Literatur werden, aber so, wie Literatur im Film inszeniert werden sollte. Günter Grass weiß es genau zu beschreiben: Der Regisseur muss in der Lage sein, »die Syntax des Schriftstellers, den Periodenbau des Schriftstellers in die Optik der Kamera zu übersetzen«. Das heißt freilich mehr, als die Geschichte einer literarischen Vorlage in aufeinander folgende Szenen zu versetzen. Die Szene bleibt dennoch wichtig.

Entgegen kam Volker Schlöndorff, wie schon erwähnt, das episodische, szenische Erzählen von Günter Grass. Aber da gab es im Roman etliche »anstößige« Szenen. Schon der Roman entging nicht dem Vorwurf der Pornografie. Wie soll beispielsweise eine Episode wie die in der Umkleidezelle am Brösener Strand ins Bild gesetzt werden, ohne anzüglich zu sein? Katharina Thalbach, die

Darstellerin der Maria, mochte verständlicherweise nicht als Pornodarstellerin beäugt werden. Was als Handicap erscheint, erweist sich als szenisch fördernd – und dies ganz im Sinne von Günter Grass. Die Voyeure haben keine Chance. Volker Schlöndorff notiert in seinem Tagebuch zur BLECHTROMMEL:

»29. August

Strandbad Brösen. Maria erschreckt Oskar mit ihrem schwarzen Dreieck, Oskar riecht daran.

Gleich heute haben wir wegen Regen die von Kathie gefürchtete Badekabinen-Szene gedreht. Maria kommt mit Oskar ins Strandbad, in einer Kabine ziehen sie sich aus, und Oskar sieht zum ersten Mal ›das schwarze Dreieck‹ einer Frau. Erschrocken stürzt er sich darauf und verbeißt sich darin. Es ist eine der wenigen Szenen, die ich für jede Einstellung skizziert habe, weil Kathie sich nicht ganz nackt zeigen will. Diese Begrenzung erweist sich schon bei der Auflösung als Stärke, denn in Oskars zuschauendem Blick ist mehr Spannung und Erotik als in der Darstellung von Genitalien. Natürlich muss der Zuschauer den Eindruck haben, beide seien nackt; der Bildausschnitt darf nie gewollt schamhaft sein.«

Der Bildausschnitt – er darf nie gewollt schamhaft sein. Im Gegenteil, er soll obszön wirken. Aber es sind nicht die Genitalien, die die Wirkung der Obszönität herstellen. Es ist in diesem Fall die indirekte Einstellung, es ist Oskars »zuschauender Blick«, es ist die »Stärke« der Augen des David Bennent, die dem Zuschauer den Anblick von Genitalien ersparen und dennoch die Obszönität der Szenen sehen lassen.

Es gibt weitere – technische – Schwierigkeiten: das Glaszersingen etwa. Man erprobt Specialeffekte, um doch schließlich einen Tongenerator zu beschaffen, der das Glas tatsächlich akustisch »zersingt«. Allen Schwierigkeiten zum Trotz entsteht ein Film, der – wie Günter Grass es bemerkte – in der Lage ist, die Syntax des Schriftstellers in die Optik der Kamera zu übersetzen. Eine Literaturverfilmung, die den Roman nicht nur als Vorlage für eine Geschichte nimmt, die ihn aber auch nicht wortgetreu ins Bild setzt.

Der Film wurde ein Publikumserfolg. Aber nicht nur das. Er wurde 1979 mit der Goldenen Palme der Filmfestspiele in Cannes ausgezeichnet und erhielt als erster deutschsprachiger Film den amerikanischen »Oscar« (1980).

Die literarische Kritik

Wie kaum ein anderer Nachkriegsroman hat DIE BLECHTROMMEL die Kritiker entzweit. »Schreie der Freude und der Empörung« prognostiziert Hans Magnus Enzensberger am 18. November 1959 im Süddeutschen Rundfunk.

In der Tat: Es gab sehr bald nach Erscheinen des Romans Schreie der Freude wie der Empörung. Von »chronischer Geschmacklosigkeit« ist zu lesen, aber auch von einem »Prosaschriftsteller ersten Ranges«. Von trüber Pornografie, von Nihilismus und Blasphemie ist die Rede, von »Abnormitäten und Scheußlichkeiten«, aber auch von perfekter Deformation, von Karikatur und schwarzem Humor. Jedenfalls hat dieser Roman die Kritiker entzweit, weil er sie offensichtlich nicht nur literarisch herausforderte. Bei aller kontroversen Beurteilung aber mussten sie eines anerkennen: Hier war ein Schriftsteller aufgetreten, der sich mit seiner BLECHTROMMEL in die

Tradition der großen deutschen Romanschriftsteller von Grimmelshausen über Wieland, Goethe, Fontane, Döblin, Thomas und Heinrich Mann stellen wollte und offensichtlich auch konnte.

Hans Werner Richter schlägt vor, den Preis der Gruppe 47 nun wieder zu vergeben. Der letzte Preis der Gruppe 47 war 1955 vergeben worden. Günter Grass wird ihn 1958 erhalten. Fünftausend Mark kamen zusammen; das war für Günter Grass sehr viel Geld. Selbst Marcel Reich-Ranicki zollt Lob: »Die Leute von der Gruppe 47 sind doch mutig: Sie scheuen sich nicht, einem noch unvollendeten, riesigen Roman, aus dem man nur zwei Kapitel gehört hatte, den Preis zu geben. Aber die beiden Kapitel hatten es in sich. Grass schreibt eine unkonventionelle, kräftige, ja sogar wilde Prosa, deren Rhythmus schon jetzt unverwechselbar ist. Er kann beobachten und schildern, seine Dialoge sind vorzüglich, sein Humor ist grimmig und originell, und er hat viel zu sagen. Seine Prosa reißt manchmal hin und proviziert manchmal zum Widerspruch. Aber man kann ihr gegenüber nie gleichgültig sein. Sie stammt aus der Feder eines echten Talents.«

Knapp eineinhalb Jahre später wird Marcel Reich-Ranicki sein Lob zurücknehmen. In der ZEIT vom 1. Januar 1960 erscheint sein erster Verriss, dem weitere, nicht nur zur BLECHTROMMEL, folgen sollen.

»Der 32 Jahre alte Günter Grass, dessen ungewöhnlich lauter und in die Länge gezogener Trommelwirbel den Enthusiasmus fast der gesamten deutschen Kritik hervorgerufen hat, ist tatsächlich ein geborener, wenn auch vorläufig noch keineswegs ein guter Erzähler. Ein origineller und überdurchschnittlicher Schreiber, ganz gewiss; aber doch von der Sorte jener geigenden Zigeunervirtuosen, deren effektvolles Spiel das Publikum zu hypnotisieren vermag. Zigeunermusik in allen Ehren: Sie ist urtümlich und wild, leidenschaftlich und zügellos, strotzt von Vitalität und elementarer Musikalität. Die scheinbar mühelos beherrschte Technik imponiert nicht weniger als das unverfälschte Temperament, die häufigen Tricks werden mit Beifallsstürmen belohnt. Bisweilen wird man von dem Geiger – vor allem wenn man etwas getrunken hat – ganz und gar überwältigt. Und was wäre dagegen einzuwenden? Überhaupt nichts. Die Sache wird erst bedenklich, wenn man virtuose Darbietungen dieser Art mit Kunst zu verwechseln beliebt.

Dem Erzähler sprudelt es nur so von den Lippen. Da gibt es mitunter Wortkaskaden von außerordentlicher Vehemenz und großartigem Schwung. Wenn er eine gute Stunde hat, dann hämmert und trommelt er mit einer Wut und einem rhythmischen Instinkt, dass es einem beinahe den Atem verschlägt. Man freut sich bei diesen Furiosos, daß einer in deutscher Sprache so penetrant und geschickt schmettern kann. Es wallet und siedet und brauset und zischt, wie wenn Wasser mit Feuer sich mengt. [...] Viele seiner Einfälle verarbeitet Grass überhaupt nicht – in dem überladenen Prosagebilde treffen wir immer auf unverdaute und vielleicht auch unverdauliche Brocken.

Und da die BLECHTROMMEL von der anekdotischen Szene lebt, werden dem Autor seine Lust am Fabulieren und seine manchmal bewundernswerte Fantasie schließlich zum Verhängnis. Von der Kunst des Weglassens scheint er vorerst keinen Schimmer zu haben.

Grass ist ein Mann mit sehr originellem, meist makabrem Humor und mit viel Witz. Manche Witze sind auf bestem kabarettistischem Niveau. Aber wenn einer über siebenhundert Seiten lang um jeden Preis witzig sein will und an fast chronischer Geschmacklosigkeit leidet, müssen ihm natürlich zahllose schäbige Witze unterlaufen. Auch sein Humor wird ihm zum Verhängnis.«

Drei Jahre später, am 22. Mai 1963 scheint Marcel Reich-Ranicki als »Selbstkritik« zurückzunehmen, was er in der ZEIT geschrieben hatte. Er bestätigt aber nur die frühere Kritik und verschärft sie in ihrer Polemik.

»Am 1. Januar 1960 brachte die ZEIT meine Kritik des Romans DIE BLECHTROMMEL von Günter Grass. Ich sagte damals, der Anfänger Grass sei ein ungewöhnlicher, ein überdurchschnittlicher Erzähler, ich rühmte seinen originellen Humor, seine bewundernswürdige Fantasie und seine sprachliche Kraft. Andererseits schrieb ich – übrigens weit ausführlicher – über das alles, was mir an der BLECHTROMMEL fragwürdig oder geradezu schlecht zu sein schien. Ich meinte, der Autor habe von der Kunst des Weglassens keinen Schimmer und sei sogar geschwätzig. Ich bedauerte, dass er seine teilweise großartigen Einfälle episch auszuwerten nicht imstande sei. Ich beanstandete Geschmacklosigkeit und Schaumschlägerei, ich warf Grass vor, er habe es bisweilen darauf abgesehen, den Leser um jeden Preis zu schockieren, ihm sei hier und da an einem primitiven Bürgerschreck gelegen, der die Ernsthaftigkeit und die Aggressivität seines Buches in Frage stelle.

Das alles war im Großen und Ganzen richtig. Dennoch könnte ich diese Kritik nicht mehr unterschreiben. Ich würde heute die Akzente anders setzen und mich insbesondere mit dem Neuartigen in der Prosa von Grass viel eingehender befassen. [...] Aber ich muss meiner vor drei Jahren geschriebenen Kritik noch etwas vorwerfen. Es handelt sich um den Helden der BLECHTROMMEL. Warum hat Günter Grass einen monströsen Zwerg in den Mittelpunkt gestellt? Ich schrieb, es habe ihn gereizt, ›eine fantastische Figur in eine streng realistische Welt einzuführen‹. Weiter hieß es in meiner damaligen Kritik: ›Überdies wollte er vermutlich die Perspektive des völlig unvoreingenommenen und höchst scharfsichtigen Beobachters verwerten, der – da er von allen für ein Kleinkind gehalten wird – außerhalb der gezeigten Welt steht, doch stets zu ihr Zugang hat. Oskar wurde also [...] mit einer Art Tarnkappe versehen.‹

Das war alles richtig. Und doch bin ich der Gestalt des Helden und somit der Konzeption des Romans DIE BLECHTROMMEL mit diesen Bemerkungen nicht gerecht geworden. Denn Oskar protestiert physiologisch und psychisch gegen die Existenz schlechthin. Er beschuldigt den Menschen unserer Zeit, indem er sich zu seiner Karikatur macht. Der totale Infantilismus ist sein Programm. Er verkörpert jenseits aller ethischen Maßstäbe die absolute Inhumanität. Das hätte ich damals schreiben sollen. Ich habe es leider nicht geschrieben.«

Die Stichworte sind gefallen: Oskar ist der »monströse Zwerg«, vom »totalen Infantilismus« besessen und von »absoluter Inhumanität«. Abgesehen davon, dass Reich-Ranicki mit der Charakterisierung Oskars als »Zwerg« die Figur missversteht, schließt er sich unversehens einer Kritik an, die eher von außerliterarischer Seite kommt und vermeintlich ethische Maßstäbe zur Richtschnur ihrer Kritik macht

Das ist allerdings kaum mehr seriöse Literaturkritik. Vom »Infantilismus« kann man auch auf ganz andere, dem Autor Günter Grass und den Intentionen der BLECHTROMMEL gerecht werdende Weise sprechen, so wie Joachim Kaiser schon am 1. November 1959 in der SÜDDEUTSCHEN ZEITUNG:

»Dem Rätsel dieses Buches kommt man auf die Spur, wenn man zu begreifen sucht, was alles sich der Autor versagt. Dann stellt sich nämlich heraus, daß Oskar – so gescheit er ist – mit den mitleidslosen Augen eines Kindes die Welt erfährt. Dazu gehört nicht nur, daß er von sich gleichermaßen in der Ich-Form und in der dritten Person erzählt, wie Kinder es tun. Grass verzichtet auch [...] auf alle Spekulationen mitfühlender Erwachsener. Die Welt erscheint im Lichte eines moralischen Infantilismus, und zwar eines bewusst gesetzten, kunstvollen, erbarmungslosen Infantilismus. So wie in den Kompositionen, mit denen Strawinsky seine neo-klassizistische Periode einleitete, der kindliche Habitus zur Fratze geriet, die dort der Erwachsenenwelt als das einzig gemäße Spiegelbild entgegenblickt, so stellt Grass zwischen dem Seelenleben des Kindes, archaischer Grausamkeit und den Äußerungen des Vor-Ichlichen, wie sie in allen barbarisch-diktatorischen Umtrieben bemerkbar werden, einen schlagenden Zusammenhang her. Doch Zwergenhaftigkeit und Buckel haben noch einen anderen Sinn. Der Roman muss verstanden werden als schneidend prägnanter Versuch, die Beziehungen zwischen Kleinbürgerei und den Abenteuern der Diktatur festzuhalten.«

Einer der ersten, der die Bedeutung des Romans im Blick auf die Erzähltradition in Deutschland erkannt hat, war Hans Magnus Enzensberger. Schon der Titel seiner ausführlichen Besprechung des Romans am 18. November im Süddeutschen Rundfunk weist darauf hin: »Wilhelm Meister, auf Blech getrommelt«. Darüber hinaus hat Enzensberger die sprachliche und kompositorische Qualität des Romans wie kaum ein anderer frühzeitig erkannt.

»DIE BLECHTROMMEL ist ein Entwicklungs- und Bildungsroman. Strukturell zehrt das Buch von den besten

Traditionen deutscher Erzählprosa. Es ist mit einer
Sorgfalt und Übersichtlichkeit komponiert, wie man sie
von den Klassikern her kennt. Herkömmlich ist auch die
hochgradige Verknüpfung der Handlung und der Motive.
Der Autor zeigt eine Beherrschung seines Metiers, die
nachgerade altmodisch erscheint, wenn er seinen Text so-
weit integriert, dass kaum ein Faden fallen gelassen, kaum
ein Leitmotiv ungenutzt bleibt. Vor den Forderungen des
Handwerks beweist Grass, was man ihm sonst nicht nach-
sagen kann: Respekt. Dazu gehört, dass er über das, wo-
von er schreibt, genauestens Bescheid weiß. […]

Grass bedient sich also eines traditionellen Roman-
musters und übt einige traditionelle Tugenden des Ro-
manciers. Wieder einmal sind die Theorien von der Krise
des Romans, vom Ende der Fabel, von der Auflösung der
Figuren Lügen gestraft. Grass kann ohne sonderliche Mühe
auf die neuesten literarischen Konventikel, die Schule des
nouveau roman, die *beat generation* und ihre erzählerischen
Schnittmusterbogen verzichten. Auch die Tradition benutzt er ja, indem er sie gleichzeitig verwirft. Seine Sprache richtet sich dieser Autor selbst zu. Und da herrscht
kein Asthma und keine Unterernährung, da wird aus dem
vollen geschöpft und nicht gespart. Diese Sprache greift
heftig zu, hat Leerstellen, Selbstschüsse, Stolperdrähte, ist
zuweilen salopp, ungeschliffen, ist weit entfernt von zise-
lierter Kalligraphie, von feinsinniger Schönschrift, aber
noch weiter vom unbekümmerten Drauflos des Reporters.
Sie ist im Gegenteil von einer Formkraft, einer Plastik,
einer überwältigenden Fülle, einer inneren Spannung,
einem rhythmischen Furor, für die ich in der deutschen
Literatur des Augenblicks kein Beispiel sehe. […] Wer die
Welt in diesem Buch, eingefangen wie eine Bestie, be-
trachtet hat, erkennt ihr anarchisches Gesicht vor seiner

Haustür wieder. In der Tat hat zwar das Buch Gesetze (und hält diese Gesetze ein), nicht aber die Welt, von der es erzählt. Sie ist wild und blind. Fern sind Wilhelm Meister und der grüne Heinrich, die edlen Jünglinge. Ihr später Nachfahr, Oskar Matzerath, Blechtrommler, Krüppel, Idiot, ist ein Kind seines Jahrhunderts, wie sie des ihren.«

Ein Kind seines Jahrhunderts war auch Grimmelshausens Simplicius Simplicissimus. Jost Nolte hat zum ersten Mal in der WELT vom 17. Oktober 1959 auf die Verwandtschaft zwischen Simplicissimus und Oskar Matzerath hingewiesen.

»Man könnte einen Vergleich basteln und lange ausbauen, und Günter Grass, 1927 in Danzig geboren, bisher halbwegs durch einige Dramentitel und einen Gedichtband bekannt, würde nicht schlecht dabei abschneiden. Denn: Hätte Hans Jacob Christoffel von Grimmelshausen nicht im 17., sondern im 20. Jahrhundert gelebt, und wäre nicht der Dreißigjährige Krieg, sondern das jüngste große Morden sein Thema gewesen, dann – man wird diesen Verdacht nicht los – dann hätte sein Held womöglich nicht Simplex oder Simplicius geheißen, sondern Oskar Matzerath oder Bronski, und er hätte immerfort eine Kinderblechtrommel geschlagen und eine diamantene Stimme gehabt, die Glas zerscherben ließ, und – das Wichtigste – er hätte beschlossen, nach seinem dritten Geburtstag keinen Zoll mehr zu wachsen, und hätte diesen Entschluss – zur landläufigen Motivation einen Sturz von einer Kellerstiege imitierend – ausgeführt und durchgehalten, bis er zwei Jahrzehnte später noch einige Zentimeter zulegte, wobei er allerdings die bis dahin ›normalen‹ Proportionen seines Körpers einbüßte.

Wahrhaftig, jener Hans Jacob Christoffel von Grimmelshausen hätte diesen Oskar mit der Trommel erfinden und mit seiner Hilfe das exerzieren können, was er den Simplex oder Simplicius (zusammengefasst im Motto des 25. Kapitels des ersten Buches) darstellen ließ: ›Simplex kann sich in die Welt nicht recht schicken – und die Welt pflegt ihn auch scheel anzublicken.‹«

Um doch auch noch etwas von den Niederungen der Kritik mitzuteilen, in denen kaum mehr literarisch argumentiert wurde, umso vehementer aber mit den kleinbürgerlichen Vorstellungen eines Alfred Matzerath, sei stellvertretend für viele Dr. med. H. Müller-Eckhard mit seiner Rezension in der KÖLNISCHEN RUNDSCHAU vom 13. Dezember 1959 zitiert.

»Ein Vaterbild wird nirgends aufgerichtet, da ja alle Väter nur mutmaßliche Väter sind, und Vater und Sohn die gleichen Frauen haben. Hieraus versteht sich das Abstürzen aller Autorität, das Fehlen eines väterlichen Leitbildes und die konfliktgeborene Ablehnung alles dessen, was vom Vaterhaften ausgeht, – vom ödipalen Hass ganz zu schweigen. So wird auch die Welt religiöser Fundamente gestürzt. Die Fliesen in katholischen Kirchen geben dem Helden Lästerungen ein. Der Ärmste muss ausgerechnet beim Stuhlgang Worte wiederholen, die in der Messe gesprochen werden.

Also ein psychologischer Roman? – Das wäre durchaus denkbar, solches alles, einen irrigen Lebensstil, eine verkehrte Seelenentfaltung mit allen nur möglichen Schicksalsfolgen und allem Leid, was daraus kommt, in einem Roman darzustellen. Ein psychologischer Roman aber ist dieses Buch nicht. Aus dem ›faustischen Gang zu den abgründigen Herrlichkeiten der Mutter‹ (Leopold Ziegler) wurde eine trübe Pornografie, der die dekadente Sucht innewohnt, alle vorhandenen Werte zu entwerten. Nach dem Lesen der BLECHTROMMEL überkommt einen das Verlangen nach sehr viel heißem Wasser und nach guter Seife.«

Man sollte von einem Helden wie dem der BLECH-TROMMEL kein Vorbild erwarten. Dann muss man scheitern, auch in der Kritik.

Die Wellen der kontroversen Kritik sind längst geglättet. Niemand zweifelt mehr daran, dass DIE BLECH-TROMMEL einer der großen Romane des 20. Jahrhunderts ist. Auch Marcel Reich-Ranicki musste sich dazu bekennen, spät zwar, vierzig Jahre nach Erscheinen des Romans, im Jahre 1999. In diesem Jahr wurde Günter Grass für seinen Roman DIE BLECHTROMMEL der Nobelpreis für Literatur verliehen.

Der politische Skandal

Die Politik hat es nicht leicht mit der Literatur. Selten ist Literatur affirmativ, meistens subversiv. Aber musste sich der Senat der Freien Hansestadt Bremen von der BLECH-TROMMEL herausgefordert fühlen? Er fühlte sich offensichtlich von der Jury, die den Vorschlag für die Vergabe des alljährlichen Literaturpreises der Freien Hansestadt macht und deren Mitglieder als durchaus seriös bezeichnet werden durften, düpiert. Hatte doch die Jury den Bremer Literaturpreis für 1960 Günter Grass und seiner BLECHTROMMEL zuerkannt.

Aber der Senat lehnt die Entscheidung der Jury ab. Denn »eine Auszeichnung durch die Landesregierung, wie sie der Literaturpreis der Freien Hansestadt Bremen darstellt«, würde »eine Diskussion in der Öffentlichkeit hervorrufen, welche nicht den unbestrittenen literarischen Rang des Buches, wohl aber weite Bereiche des Inhalts nach außerkünstlerischen Gesichtspunkten kritisieren würde«.

So kann man es auch formulieren. Man hätte auch die Rezension des Dr. med. Müller-Eckhard heranziehen können. Jedenfalls war das Ergebnis der Senatssitzung eindeutig. Nur der Senator für das Bildungswesen stimmte für die Vergabe des Preises an Günter Grass. Die anderen stimmten dagegen oder enthielten sich der Stimme. Bezeichnend ist, wie es im Senat zur Ablehnung kam. Das spiegelt sich noch in der offiziellen Begründung, die ausgerechnet der Senator für das Bildungswesen, der als Mitglied der Jury für die BLECHTROMMEL gestimmt hatte, den Jury-Mitgliedern mitzuteilen hatte. Wie es im Senat zur Ablehnung kam: nicht literarisch-ästhetische Argumente führten zur Ablehnung, sondern moralisch-sittliche. Die Jugendsenatorin etwa argumentierte so: Einige der Kapitel des Romans gehörten auf den Index jugendgefährdender Schriften. Sie könne aber schwerlich ein Werk für die Jugend verbieten, wenn der Bremer Senat es zuvor mit dem Literaturpreis der Stadt ausgezeichnet habe.

Unverständnis hat die Begründung der Ablehnung der BLECHTROMMEL durch den Bremer Senat hervorgerufen: eine »Diskussion in der Öffentlichkeit« über ein Buch von »unbestritten literarischem Rang« wird befürchtet, weil weite Bereiche seines Inhalts nach außerkünstlerischen Gesichtspunkten kritisiert werden können. Ein von der Bremer Bürgerschaft gewählter Senat fürchtet sich vor einer öffentlichen Diskussion mit seiner Bürgerschaft?

Zwei Jahre später soll Siegfried Lenz den Literaturpreis der Stadt Bremen erhalten. Günter Grass erwartet Solidarität. Aber Lenz lehnt den Preis nicht ab, sondern nimmt ihn an, auch weil inzwischen eine neue Jury berufen ist, in der der Bremer Senat keinen Sitz und keine

Stimme hat. Günter Grass fordert in einem offenen Brief an die ZEIT Siegfried Lenz auf, ihm das Preisgeld in Höhe von achttausend Mark, das eigentlich ihm zustehe, zu überweisen. Ein ironischer Brief von Günter Grass, nicht ohne Polemik. Man spürt noch zwei Jahre später die Verletzung, auch wenn Günter Grass die eigentlichen Gründe für seine Ablehnung durch den Bremer Senat ins Abgründig-Geschichtliche verlegt.

»Und dann waren Sie so frei und nahmen einen Preis an, der mir, just vor zwei Jahren, von ehrenwerter Jury zugesprochen und aus hanseatischen Gründen verweigert wurde. Denn es kann nicht sein, dass Bremens Senatoren moralischer Bedenken wegen diesen unhanseatischen Schritt in die Öffentlichkeit getan haben; vielmehr war es alter hanseatischer Streit zwischen der Hansestadt Bremen und der Hansestadt Danzig – dort stand meine Wiege –, der mich um den Preis und achttausend hanseatische DM brachte.

Zur Information: Weil Johann Ferber, Ratsherr und Bürgermeister zu Danzig – das Wappen der Familie Ferber, zwei Schweinsköpfe, ist heute noch auf den Steinfliesen der Marienkirche zu erkennen –, seinen ältesten Sohn Eberhard Ferber, der später Ratsschöffe und Bürgermeister wurde, im Jahre 1481 nicht ins bürgerliche Bremen schickte, sondern den hoch begabten Sohn, der einst die Flotte Danzigs ergebnislos gegen Dänemark führen sollte, am Hof der Herzöge von Mecklenburg höfisch erziehen ließ, bekam ich als Danziger und Hanseat nicht den Literaturpreis der im Jahre 1960 noch immer verschnupften Stadt. Nun muss ich einräumen, gäbe es heute noch eine Freie Hansestadt Danzig, niemals bekäme ein Schriftsteller von Bremer Herkommen einen Danziger Literaturpreis.«

Ein Nachspiel gab es in Darmstadt. 1965 wird Günter Grass der Georg-Büchner-Preis der Deutschen Akademie für Sprache und Dichtung verliehen, der wohl angesehenste Literatur-Preis in Deutschland. Jetzt ist es nicht mehr der SPD-Senat der Hansestadt Bremen, der protestiert, jetzt ist es der Kreisvorstand der Jungen Union Darmstadt-Stadt. Die Argumente aber für den Protest sind die gleichen. Im DARMSTÄDTER TAGEBLATT vom 24. September 1965 wird der Beschluss der Jungen Union abgedruckt.

»Die Entscheidung der Deutschen Akademie für Sprache und Dichtung, den diesjährigen Büchner-Preis an den Schriftsteller Günter Grass zu verleihen, wird von der Jungen Union in Darmstadt nachdrücklich verurteilt. Die Aufmerksamkeit, die Grass in der deutschen Öffentlichkeit erregt hat, ist vorwiegend auf seine blasphemischen und pornografischen Entgleisungen zurückzuführen. Grass hat den Beweis dafür noch zu erbringen, dass seine Erzeugnisse wirklich künstlerischen Wert besitzen und er nicht darauf angewiesen ist, durch Appelle an niedrige Instinkte Beifall zu haschen. Unter diesen Umständen entsteht der Eindruck, dass ihm der Büchner-Preis nicht für hervorragende künstlerische Leistungen, sondern für seine Weltanschauung verliehen werden soll. Das darf nicht der Sinn des Büchner-Preises sein. Die Junge Union ruft die Bürger Darmstadts auf, dem Beispiel der Bürgerschaft von Bremen zu folgen und gegen die Verleihung des Büchner-Preises an Grass zu protestieren.«

Mutter Truczinski hätte es Günter Grass schon sagen können: »Nun trommel nech so laut, Oskarchen.«

Anhang

Zeittafel

1927	Am 16. Oktober wird Günter Grass in Danzig geboren und katholisch getauft. Sein Vater, ein Kolonialwarenhändler, ist Protestant deutscher Abstammung, seine Mutter ist Kaschubin.
1937	Günter Grass wird Mitglied in Hitlers »Jungvolk«. Während des Zweiten Weltkrieges ist er Soldat und Luftwaffenhelfer.
1945	Nach Verwundung und Lazarettaufenthalt ist Günter Grass in amerikanischer Kriegsgefangenschaft. Anschließend arbeitet er in einem Kalibergwerk.
1947 bis 1952	Steinmetzpraktikum und Studium an der Kunstakademie Düsseldorf
1952	Frankreichreise; Konzeption der BLECHTROMMEL (Günter Grass beobachtet in einem Café einen Dreijährigen mit einer Blechtrommel)
1954	Günter Grass heiratet die Schweizerin Anna Schwarz, die er auf seiner Frankreichreise kennen gelernt hat und der er DIE BLECHTROMMEL widmen wird.
ab 1956	Günter Grass lebt mit Anna in Paris. Die erste Fassung der BLECHTROMMEL entsteht.

1958	Reisen nach Polen, um die Authentizität der Szenen in der BLECHTROMMEL zu gewährleisten. Lesung auf der Tagung der Gruppe 47 in Großholzleute. Der Gruppe 47 gehört Günter Grass seit seiner ersten Lesung im Jahre 1955 an.
1959	Der Roman DIE BLECHTROMMEL erscheint.
ab 1960	Wohnsitz in Berlin. Die DANZIGER TRILOGIE, deren erster Teil DIE BLECHTROMMEL ist, wird mit der Novelle KATZ UND MAUS und dem Roman HUNDEJAHRE vollendet. Berliner Kritikerpreis 1959/60 für DIE BLECHTROMMEL
1962	Französischer Literaturpreis für DIE BLECHTROMMEL als »Le meilleur livre étranger«
1965	Georg-Büchner-Preis,
1968	Fontane-Preis
1969 und 1972	Wahlkampf für Willy Brandt und die SPD. Die Romane ÖRTLICH BETÄUBT und AUS DEM TAGEBUCH EINER SCHNECKE erscheinen. Angriffe wegen des politischen Engagements bleiben nicht aus.
1972 bis 1977	Arbeit am BUTT mit Gedichten, Zeichnungen, kürzeren Erzählpassagen
1977	Der Roman DER BUTT erscheint. DAS TREFFEN IN TELGTE: Grimmelshausen, der mit seinem Simplicius schon für Oskar Pate stand, feiert fröhliche Urständ in einem Vorort von Münster.
1979	Günter Grass heiratet die Organistin Ute Grunert. Der Film »DIE BLECHTROMMEL« erhält die »Goldene Schale« des Bundesfilmpreises und die »Goldene Palme« der Filmfestspiele Cannes.

1980	Der Film DIE BLECHTROMMEL erhält den »Oscar« für den besten fremdsprachigen Film. Noch einmal ein satirisch-polemisches Werk: KOPFGEBURTEN ODER DIE DEUTSCHEN STERBEN NICHT AUS
1983 bis 1986	Günter Grass Präsident der Berliner Akademie der Künste
1986	Die RÄTTIN erscheint, ein Roman zwischen literarischer Artistik und politischer Parteinahme
1992	UNKENRUFE
1993	Austritt aus der SPD. Die Zuwandererpolitik der SPD ist der Grund. Günter Grass wird 1993 Ehrendoktor der Universität Danzig und Ehrenbürger der Stadt Danzig.
1994	Großer Literaturpreis der Bayerischen Akademie der Schönen Künste
1995	EIN WEITES FELD, Grass' Bekenntnis zu seinem großen Vorläufer Theodor Fontane. Marcel Reich-Ranicki zerreißt das Buch im wörtlichen Sinne auf dem Cover des SPIEGEL.
1996	Thomas-Mann-Preis der Hansestadt Lübeck
1999	MEIN JAHRHUNDERT, eine Art Tagebuch zum 20. Jahrhundert aus der Sicht des Schriftstellers, bildenden Künstlers und Politikers Günter Grass
1999	Günter Grass erhält für DIE BLECHTROMMEL den Nobelpreis für Literatur.

Meisterwerke kurz und bündig

Herausgegeben von Olaf Benzinger

Diese Reihe richtet sich gleichermaßen an den neugierigen Laien wie den ambitionierten Liebhaber der Meisterwerke abendländischer Kultur. Auf einen Blick erfährt man alles Wissenswerte über herausragende Werke der Literatur, Musik und Kunst. Inhalt, Entstehungs- und Wirkungsgeschichte sowie Zeittafeln, Figurenregister und Literaturhinweise machen jeden der einheitlich gestalteten Bände zu einem Kompendium.

Gerhard Fink
Homers Ilias und Odyssee
104 Seiten. SP 2885

Michael Lösch
Goethes Faust
128 Seiten. SP 2886

Robert Maschka
Wagners Ring
125 Seiten. SP 2887

Lieselotte Bestmann
Michelangelos Sixtinische Kapelle
136 Seiten mit einem farbigen Bildteil. SP 2888

Philipp Reuter
Prousts Auf der Suche nach der verlorenen Zeit
128 Seiten. SP 2890

Fritz R. Glunk
Dantes Göttliche Komödie
106 Seiten. SP 2891

Fritz R. Glunk
Dostojewskis Schuld und Sühne
133 Seiten. SP 3135

Gerhard Fink
Ovids Metamorphosen
127 Seiten. SP 3136

Dirk Heißerer
Thomas Manns Zauberberg
127 Seiten. SP 3141

Frank Zechner
Die vier edlen Wahrheiten des Buddha
124 Seiten. SP 3142